DISSERTATIONS
SUR LA
RECHERCHE DE LA VERITÉ,
Contenant
L'HISTOIRE ET LES PRINCIPES
DE LA PHILOSOPHIE
DES
ACADEMICIENS.

*Avec plusieurs réflexions sur les sentimens
de* M. DESCARTES.

Par M. FOUCHER Chanoine de Dijon.

A PARIS,
Chez JEAN ANISSON Directeur de l'Imprimerie
Royale, ruë S. Jacques, à la Fleur de Lis
de Florence.

M. DC. XCIII.
AVEC PRIVILEGE DU ROY.

Le Libraire n'ayant fait imprimer que le quatriéme Livre de ces Dissertations, pourroit le vendre séparément; mais pour l'utilité du Public il y joindra les autres premiers livres; & cependant il prie les lecteurs de ne le point charger des fautes qui sont survenuës dans l'Impression des premieres pieces: lesquelles ont esté imprimées en divers temps & par differentes mains.

Extrait du Privilege du Roy.

PAr Grace & Privilege du Roy, donné à Versailles le 11. Septembre 1676. il est permis à M. S. FOUCHER Chanoine de Dijon, de faire imprimer & vendre *Les suites de ses Critiques, Réponses ou Dissertations... sur la Recherche de la Verité*, pendant le temps de sept années, à compter du jour que chaque Volume sera achevé d'imprimer, & défenses sont faites d'imprimer ou vendre lesdits Livres sans son consentement, &c.

Registré sur le Livre de la Communauté des Libraires & Imprimeurs de Paris le 16. Septembre 1676.

Achevé d'imprimer pour la premiere fois le 12. Aoust 1693.

Pagination incorrecte — date incorrecte
NF Z 43-120-12

Pagination incohérente
Texte complet

Erreur à l'impression :

Lire page 57 au lieu de 75
Lire page 105 au lieu de 150
Lire page 121 au lieu de 112

PREFACE.

Ceux qui sont accoustumez au stile dogmatique, & qui veulent que l'on traitte les choses Scholastiquement, ne trouveront peut-estre pas ces Dissertations fort à leur goust : mais on ne s'en étonnera point, parce que mesme ils n'entrent pas dans la maniere d'écrire, que Platon & les Academiciens ont mise en usage, & que j'ay tasché d'imiter autant que j'ay pu. Ils s'imaginent qu'il n'y a qu'à parler, & à répandre d'abord un grand nombre de veritez ; comme si les hommes ne se remplissoient pas naturellement de fausses notions, & se trouvoient toûjours disposez à recevoir heureusement les semences precieuses que l'on voudroit jetter dans leurs esprits. Mais ils se trompent en cela : car il faut souvent les conduire par des voyes tout autres qu'ils ne pensent ; pour les obliger de bien penetrer certaines veritez importantes, dont la fecondité les doit enrichir d'une infinité de connoissances qu'ils ne prevoyent pas. En effet, il faut quelquefois que l'on se serve du stile figuré, & que l'on employe des épisodes pour égayer la matiere &

PRÉFACE.

la rendre moins épineuse, & moins seche, en les defaisant, & les portant à faire de leur propre mouvement, les reflexions necessaires. Il en est de mesme que de ces Peintres qui se contentent de bien former un visage, & d'en representer les traits au naturel, & qui semblent se joüer dans tout le reste, environnant un portrait de fleurons phantastiques, de testes d'oiseaux, ou si l'on veut, de vrayes chimeres : c'est ainsi que les Academiciens se contentent de dire en bons termes, & d'exprimer au plus juste les veritez fondamentales, prenant la liberté d'introduire des traits d'histoire & des comparaisons, qui ne semblent servir qu'à donner plus de poids & plus de relief aux sujets importans ; quoyque neanmoins, elles soient encore bonnes à fixer l'imagination, & à conserver la memoire des reflexions que l'on peut faire. D'ailleurs, si on y repete quelques raisons ou quelques passages, on ne doit point non plus s'en étonner : car cela est necessaire dans les matieres de Philosophie : & si quelqu'un en doute, il n'y a qu'à le renvoyer à Platon, à Aristote, à Lucrece, à Sextus Empiricus, à M. Descartes, & generalement à tous

PREFACE.

les Philosophes qui ont entrepris de combatre les préjugez de leur temps. On n'enleve pas du premier coup les erreurs communes; & quand il s'agit de changer les idées, il faut que l'on jette souvent la vuë sur les principes. En un mot, je souhaite que les Lecteurs s'appliquent uniquement à bien juger si mes propositions fondamentales sont vrayes: & qu'ils ne se rebutent pas s'ils trouvent icy quelque chose qui leur semble inutile; car souvent ce qui est inutile pour les uns, ne l'est pas pour les autres; & l'on ne doit point seulement avoir égard à ce que demandent ceux qui passent pour les plus habiles, dont la science ordinairement est trop dédaigneuse & trop peu équitable: mais encore à l'utilité de ceux qui ne font que commencer à s'instruire.

D'autre part j'avertis que les Dissertations de ce volume sont differentes de celles du premier, en ce qu'elles tendent directement à Etablir: de sorte qu'on les doit regarder comme une Introduction à la Philosophie des Academiciens: au lieu que les premieres ayant relation à de certains livres particuliers, on peut s'en épargner la lecture, pourvû que l'on soit exemt des préjugez que l'on y combat.

ã iij

PREFACE.

Mais toûjours on peut fort bien commencer par celles-cy, & les voir séparément. Je finis cette preface par un extrait de la lettre de S. Augustin à Hermogenien, ne pouvant rien dire icy de plus précis ni de meilleur.

" Ce qui me donne tant de veneration
" pour l'autorité de ces grands Hommes
" (dit ce Docte Pere, en parlant des Aca-
" demiciens) c'est que je suis persuadé que
" leurs sentimens étoient tout autres que
" ceux qu'on leur attribuë communément.
" Car il me semble qu'au point où étoient
" les choses en ce tems-là, il valloit mieux
" que les ruisseaux de la verité, qui pou-
" voient sortir des sources de Platon, coû-
" lassent au milieu des buissons, & parmi
" les guerets, pour servir à quelques per-
" sonnes judicieuses, que de se répandre
" dans une plaine, où ils auroient esté trou-
" blez & salis par des troupeaux de bes-
" tes, *irruentibus passim pecoribus, nullo*
" *modo posset liquidum purumque servari.*
" Mais presentement, continuë-t-il, que
" nous ne voyons plus que des Philoso-
" phes, qui ne le sont que par l'habit, &
" qui me paroissent tres-indignes d'un si
" grand nom, je crois qu'il est bon de ra-
" mener à l'esperance de trouver la ve-

PREFACE

rité ceux qui pourroient s'estre laissé «
persuader par les subtilitez des Acade- «
miciens, que l'on pensoit faussement «
avoir renoncé à toutes sortes de scien- «
ces, & soûtenu que l'homme étoit inca- «
pable d'atteindre à aucune connoissance «
certaine : autrement ce qui a esté autre- «
fois sagement employé pour extirper des «
erreurs fort enracinées, ne serviroit pre- «
sentement qu'à fermer l'esprit à ce qu'il «
y a de plus certain & de mieux connu. «
Toutes les sectes s'appliquoient en ce «
tems-là avec tant d'ardeur à la recher- «
che des veritez solides, que tout ce qu'il «
y avoit à craindre, étoit que l'on ne prist «
le faux pour le vray; & c'est ce que les «
Academiciens tâchoient d'empescher. «
Mais presentement on craint tellement la «
peine, & on neglige si fort les sciences, «
que si-tost que l'on fera entendre que «
des Philosophes tres-habiles ont cru que «
les hommes sont incapables de rien con- «
noistre avec certitude, voilà les esprits «
éloignez pour jamais de tout ce qu'on «
voudroit leur apprendre. Car ils ne pre- «
sument pas d'avoir plus de lumiere & de «
penetration que ces Philosophes, ni de «
pouvoir découvrir ce que Carneades «
mesme avec tant de travail d'esprit, de «

ã iiij

PREFACE.

» loisir & d'étude, & dans le cours d'une
» si longue [a] vie, n'a pas esté capable de
» trouver. Que s'ils vont jusqu'à prendre
» sur leur paresse, de lire les [b] livres où ces
» Philosophes semblent établir que la con-
» noissance du vray est interdite aux hom-
» mes, cela les jette dans un si profond as-
» soupissement, que rien n'est capable de
» les reveiller.... Au reste je ne me flat-
» te point d'avoir triomphé des Academi-
» ciens, dans mon [c] ouvrage... Mais au
» moins je me sçais bon gré d'avoir rompu
» le lien odieux, qui me faisant desesperer
» de connoistre la verité, m'empeschoit de
» me coller à la [d] mamelle de la Philoso-
» phie. C'est ainsi que S. Augustin donne
assez à connoître, & l'estime qu'il faisoit
de la maniere de Philosopher des Academiciens, & l'importance qu'il y a de
les interpreter, autrement qu'on n'a fait
vulgairement.

[a] Il a vécu 90. ans.
[b] Ces livres estoient ceux de Philon, que l'on avoit encore en ce temps-là.
[c] C'est dans les trois livres des Academiciens.
[d] Quasi modo geniti infantes rationabile lac concupiscite. 1. Petri. cap. 2.

TABLE DES CHAPITRES.

LIVRE PREMIER.
Contenant l'Histoire des ACADEMICIENS.

1. Du dessein & de l'ordre de cet ouvrage, page 1.
2. D'où vient le nom d'Académie, & quels sont les Académiciens dont on doit parler. 3.
3. Du nombre, du dessein, & de la différence des Académies, 12.
4. De l'Académie de Platon, 14.
5. Des Disciples de Platon, 19.
6. De Polemon, de Crates, de Crantor, Academiciens de l'ancienne Academie, 26.
7. D'Arcesilas, & de son Académie, 30.
8. Des Disciples d'Arcesilas, 39.
9. De la troisième Academie & de Carneades qui en a esté le chef, 43.
10. De la quatrième Académie, & de Philon qui l'avoit instituée, 52.
11. D'Antiochus & de son Académie, qui est la cinquième, 55.
12. De Varron, par rapport aux Academiciens, 59.
13. De Ciceron, sçavoir si on le doit regarder comme chef d'Académie, 61.
14. De S. Augustin, par raport aux Academiciens, 67.
15. De M. Descartes, sçavoir si on le doit regarder comme Academicien, 68.
16. De quelques Auteurs, qui ont parlé des Academiciens, suivant les sentimens vulgaires, 70.

TABLE

LIVRE SECOND.
Des Principes de la Philosophie des Academiciens.

1. DE l'examen des premiers principes. p. 73.
2. De l'estime que l'on doit faire des veritez évidentes. 83.
3. Que la premiere chose que les hommes doivent faire, est de chercher la verité. 89.
4. Que l'on ne doit pas dire d'abord qu'il soit impossible de reconnoistre la verité. 93.
5. Que l'on ne doit pas soustenir que les Anciens n'ayent pas reconnu la verité. 97.
6. Quand les Anciens n'auroient pas connu la verité, il ne s'ensuivroit pas que nous ne puissions la reconnoistre. 107.
7. Que l'on ne doit point rejetter la lecture des Anciens, ni celle des Modernes. En quoy les uns & les autres ont excellé. 109.
8. De l'usage de l'Autorité. 114.
9. Du Moyen de réünir les Esprits, & d'accorder les hommes dans leurs sentimens. 119.
10. Qu'il faut que chaque homme en particulier cherche la verité pour luy-mesme. Et que l'on ne doit point se prévaloir des recherches des autres. 122.
11. Qu'il n'est pas impossible que les hommes ayant reconnu la verité, la perdent de veuë avec le tems.
    Moyen de conserver la verité dans le Monde. 125.
12. Ce que l'on cherche, quand on cherche la verité. 128.
13. De l'Art de douter. 136.
14. Que l'on ne doit point cesser de chercher la verité, à moins qu'on ne l'ait trouvée évi-

DES CHAPITRES.

damment, 140.

15. De la maniere de disputer des Academiciens, 143.

LIVRE TROISIEME.

DES DOGMES des Academiciens.

1. QUE la maniere de philosopher des Academiciens est la meilleure, 145.
2. Que les Academiciens ne doutoient pas de toutes choses, & qu'ils avoient des dogmes, 156.
3. Des dogmes d'Arsesilas, 154.
4. Des dogmes de Carneades, 157.
5. Des dogmes de Clitomaque, 161.
6. Des dogmes de Philon, & de ceux d'Antiochus, 164.
7. Explication de quelques façons de parler que Ciceron attribuë aux Academiciens, nihil esse certi, quod aut sensibus, aut animo percipi possit. Nihil sciri posse, 168.
8. Explication de ces manieres de parler que Ciceron attribuë aux Academiciens. Angustos sensus. Imbecillos animos. Brevia curricula vitæ. Opinionibus & institutis omnia teneri. Nihil veritati relinqui, 173.
9. En quoy les Academiciens sont distinguez des Platoniciens, des Cyrenaïciens, des Peripateticiens & des Pyrroniens ou Sceptiques, 175.
10. En quoy les Academiciens son distinguez des Dogmatistes tant Positifs que Negatifs, 178.
11. En quoy les Academiciens sont differents des Pytagoriciens, des Epicuriens, & des Stoïciens, 182.
12. En quoy les sentimens des Academiciens sont

TABLE DES CHAPITRES.

diffrents de ceux de Parmenide, de ceux d'Heraclite, de Democrite, d'Anacharsis, de Xeniade, d'Anaxarque, & de plusieurs autres anciens Philosophes, 184.

13. En quoy les Academiciens sont differens des Cartesiens, 187.

14. De la meilleure maniere d'enseigner & d'apprendre. Que c'est celle des Academiciens, 188.

15. De l'usage des mots pour découvrir la verité, de vive voix, ou par écrit, 191.

LIVRE QVATRIE'ME.
Des premieres Notions.

1. QUE les premieres notions sont indeterminées & ne concluent rien d'elles-mesmes, 193.
2. De la Notion de la Raison, 195.
3. De la Notion des Contradictoires, 199.
4. De la Notion du Mesme & du Different, & de quelques autres Notions, 202.
5. Des Notions particulieres de la Raison ou de ses Especes, 203.
6. Des Notions de la Lumiere naturelle, du Bon-sens & du sens commun, 208.
7. Du sens de la Multitude. Du Contestable & de l'Inconstable, 212.
8. Des Notions de la Sagesse & de la Folie, 214.
9. De la Notion de la Philosophie, 216.
10. De la difference des Philosophes, & de ceux qui ne le sont pas, 221.
11. De la difference des Philosophes & des Orateurs, 227.
12. De la difference des Philosophes entre eux, 240.

DISSERTATIONS
SUR LA RECHERCHE DE LA VERITÉ
OU SUR LA PHILOSOPHIE DES ACADEMICIENS.

LIVRE PREMIER,

Contenant l'HISTOIRE de ces PHILOSOPHES.

CHAPITRE PREMIER.

Du dessein & de l'ordre de cet Ouvrage.

PRES avoir donné quelque idée de la Philosophie des Academiciens, dans mes premieres DISSERTATIONS sur la Logique de ces Philosophes & à l'occasion d'un livre assez connu, *de la Recherche de la Verité*, je me suis enfin resolu

à composer un corps de Doctrine pour l'utilité de ceux qui aiment à philosopher serieusement, & qui ne demandent que des veritez solides, sans se mettre en peine des differends que les Auteurs peuvent avoir entr'eux, ni de toutes leurs disputes. C'est pour cela que je vais mettre en ordre les reflexions que j'ay faites sur ce sujet. Je ne m'arresteray point d'abord à raporter toutes les raisons qui m'ont determiné à suivre la maniere de philosopher des Academiciens; & seulement je diray qu'aprés avoir étudié toutes les Philosophies, & avoir éprouvé le fort & le foible de leur doctrine, j'ay enfin trouvé que Platon avoit le mieux observé les loix de la droite raison, & je me suis attaché à le suivre, non pas à la lettre & aveuglément, mais en me servant de sa methode & l'observant en Academicien, *Academico-Platonicus*, c'est à dire autant que l'évidence de la verité le permettra. On sçait que ce Philosophe a eu de deux sortes de Disciples, dont les uns lui ont fait affirmer quantité de choses; & les autres l'ont regardé comme doutant encore & cherchant la verité. Ces derniers que l'on appelloit Academiciens sont ceux dont j'entreprends de mettre au jour, les sentimens. Sextus Empiricus, nous a donné l'yppothese des Pyrthoniens. Nous avons la Philosophie d'Epicure, par les soins de M. Gassendi, & l'on trouvera icy celle des Acadamiciens.

Il est d'autant plus necessaire de travailler à dresser ces sortes d'hypotheses, que les Auteurs desquels on les a tirées n'ont pas beaucoup écrit, & qu'il faut ramasser des choses dispersées que l'on rencontre sans ordre & sans suite dans differents Auteurs: jusques-là que l'on pourroit regarder ces ouvrages comme des Originaux qui ne se trouvent nulle part & qui sont neanmoins des pieces necessaires au Public, de quel costé qu'elles viennent & quelles que soient ces Philosophies, parce que sans cela on n'en pourroit juger ni sçavoir ce que l'on en doit recevoir ou rejetter. Je suis persuadé cependant que celle des Academiciens vaut mieux que celles des autres quoi que je n'ose assurer qu'elle trouve une plume aujourd'hui dont elle tire un avantage pareil à celui que les autres ont tiré de ces illustres Auteurs que je viens de nommer.

Ce n'est pas neanmoins par les seuls écrits de Platon ni par ceux des Academiciens qui l'on suivi, que l'on doit juger de cette maniere de philosopher: elle ne doit point passer pour une Secte particuliere, & ce n'est que la vraie & droite maniere laquelle est commune à tous ceux qui ne perdent point de vuë les principes. Je la donne neanmoins comme propre aux Academiciens, parce qu'ils se sont signalez à la suivre & à la deffendre.

Il ne faut pas non plus qu'on la regarde comme nouvelle, car elle est la plus ancienne de toutes & la premiere. On la pourroit mesme apeller la Philosophie de tous les tems: car parce qu'elle consiste à chercher, il n'est pas déraisonnable de lui attribuer tout ce que les recherches de tous les siecles ont pu acquerir de bon & de solide. On la peut donc confiderer comme le grand chemin de la verité, les autres n'étant que des routes particulieres par lesquelles les Dogmatiftes vont s'égarer dans la confufion de leurs prejugez. Et quoi que je l'aie toûjours preferée aux autres, fans la connoître fous le nom que je lui donne maintenant, je me garderai bien neanmoins de la propofer comme fi je l'avois inventée: ce n'eft pas non-plus aux Academiciens à qui on la doit, c'eft aux premieres veritez que Dieu a écrites dans tous les efprits avec des traits de lumieres.

On ne doit donc point aprehender de trouver icy des nouveautez fufpectes, ni des fentimens de cabale envelopez de mifteres impenetrables. Tout le monde eft capable de comprendre les veritez que nous allons reconnoître: nous marchons en terre ferme & nous ne ferons point en danger de brifer contre des écueils, *non circumferemur omni vento doctrinæ &c.* il n'eft pas neceffaire que nous nous élevions audeffus de nôtre nature, ni que nous cherchions dans l'homme autre chofe que ce qui eft en lui: nous allons mefurer fes forces, ou fi l'on veut, fes foibleffes, & le connoître enfin tel qu'il eft.

Nous laifferons à part la Religion & la Theologie, non pas que nous jugions que ces divines inftitutions foient indignes de nos études, aucontraire c'eft parce que nous les croyons trop relevées & qu'elles nous furpaffent. Mais fi c'eft un grand avantage pour la Religion de faire voir que la raifon ni la Philofophie ne lui font pas contraires ; c'est aussi une chose dont on ne peut se dispenser que de considerer la raison en elle mesme ; car sans cela, on ne peut montrer qu'elle n'est pas opposée à la Religion. En effet il faut sçavoir certainement ce que dit la raison pour juger si elle s'accorde avec le Christianisme ; & nous ne sçaurions nous dispenser de satisfaire à ce devoir que Dieu mesme nous impose.

Nous commencerons par les premiers principes, & nous traiterons à cause de cela, plusieurs questions que la plûpart des Philosophes semblent avoir negligées & qui neanmoins sont tres-importantes. Je suivrai toujours l'ordre des veritez évidentes à peu prés comme les Geometres ont coutume de faire, & portant les connoissances humaines le plus loin qu'il me sera possible, j'apprendrai du moins à discerner ce que je scai, de ce que je ne scai pas, & c'est ce que je me propose de faire à la maniere des Academiciens. Je ne prendrai pour fondement que les veritez generalement reconnues de tous les hommes, qui sont celles que Dieu a lui mesme imprimées dans nos esprits. C'est sous la conduite de ces veritez que nous allons marcher, heureux si nous ne les abbandonnons jamais. Il est vrai qu'elles sont obscurcies par nos prejugez, mais c'est pour cela qu'il faut que nous travaillons à les en degager comme d'autant de nuages, & à les faire éclater comme des Astres que le Pere des lumieres nous a donnez pour nous éclairer au milieu des tenebres de cette vie : On peut les regarder si l'on veut, comme des diamants qui feroient encore enfermez dans l'écorce pierreuse dont la nature les environne, il faut les polir & pour leur rendre tout l'éclat qui leur est du, les néroier de la boue de nos préjugez. Nous sommes plus riches que nous ne pensons ! Hé qui sçait jusqu'où peut monter le prix des veritez que nous connoissons ? qui s'est mis en estat de les faire valoir autant que l'on devroit ? Ah ! qu'il seroit beau de voir toutes ces lumieres réunies, & que cela formeroit dans l'esprit un agreable spectacle ! Nos Academiciens ont fait tous leurs efforts pour y contribuer, & quoi qu'ils ayent pu faire en leur tems, nous n'avons plus de ce beau feu que quelques étincelles que nous trouvons dispersées parmi les restes precieux de leurs écrits, que le tems destructeur de toutes choses a presque reduits en cendre. Mais sous cette cendre, il y a des semences de veritez que l'on fait renaître quand on les remuë & les agite, *hæret profecto semen introrsum veri quod excitatur ventilante doctrina* : & parce que ces Philosophes ne communiquerent pas leurs connoissances à tout le monde, nous sommes contraints maintenant de les faire monter sur le theatre, malgré la repugnance qu'ils ont euë de paroître en Acteurs, & nous allons voir aujourd'hui ce que les siecles passez n'auroient osé nous promettre. Les tems qui sont venus après eux nous ont découvert bien des choses qu'ils sembloient vouloir nous cacher, & les veritez qui se tiennent comme par la main se rappellant les unes les autres, vont faire un nouveau con-

Boëce de consolatione Philosophiæ

cours qui nous remplira de joie & de satisfaction. Cependant on ne s'étonnera pas de ce que je témoigne icy tant d'estime, car il n'y a rien de plus grand ni de plus riche que des veritez, & il ne faut pas douter que la réunion que l'on en peut faire, ne soit quelque chose de tres considerable. D'ailleurs il est constant que chaque Siecle ayant découvert quelques veritez, le nôtre nous peut enrichir d'un bien que les precedents n'auroient pu nous donner : & de même les Siecles à venir pourront ajoûter de nouveaux tresors à ceux que nous aurons amassez : *multi pertransibunt & augebitur scientia.* Au reste l'on conçoit bien qu'avant que l'on eût réuni les veritez de Geometrie, on ne fesoit pas grand estat de la science des figures, & l'on ne se promettroit pas que nous en deussions tirer de avantages pareils à ceux que nous en tirons tous les jours. Seulement, je demande une chose : qui est que l'on ne charge point ces Philosophes, de mes propres défauts ; il n'est pas necessaire que j'avertisse que je ne suis pas infaillible, & si par malheur je n'observois pas assez exactement les regles que je vais proposer, que l'on n'impute pas mes fautes, ni à ces Philosophes, ni à leurs regles. On sera bien aise de voir le tableau que je me propose de faire ; mais je prie, que l'on n'en juge point entierement qu'il ne soit achevé.

Chapitre II.

D'où vient le nom d'Academie, & quels sont les Academiciens dont on doit parler.

Avant que d'entrer dans le détail des sentimens des Academiciens, il faut les distinguer & faire en peu de mots l'Histoire de leur Philosophie.

Premierement, le nom d'Academie vient du nom grec ακαδημία, que l'on donnoit à un lieu consacré à un Heros, nommé ΑΚΑΔΗΜΩΣ. Ce lieu étoit auprés d'un Fauxbourg d'Athene; il y avoit un bois touffu, dont l'habitation étoit mal-saine avant qu'on l'eût embelli par des jardins & par des allées que l'on y fit dresser, afin de le rendre moins sombre & plus agreable. Ce fut en ce lieu que Platon commença à Philosopher avec ses Disciples. Et depuis que les exercices & les études de ce grand philosophe l'eurent rendu plus celebre, on donna le nom d'Academie aux assemblées de gens de Lettres; mais sur tout on appella Academiciens, tous ceux qui avoient étudié sous Platon.

Lors que Ciceron alla à Athene, il visita ce lieu avec plusieurs de ses amis. *Cum autem venissemus in Academiam*, dit-il, *nobilitata spacia, solitudo erat quam volueramus, naturave, nobis hoc, inquit, datum dicam, an arte, ut cum ea loci videamus in quibus memoria tam dignos viros accepimus esse versatos, magis moveamur, quam si quando co-*

Lib: 5. De finibus.

l'Histoire des Academiciens. 9
rum aut facta, aut dicta audiamus, aut Scriptum aliquod legamus, &c. Ces jardins ne reveillent pas seulement la memoire de ces grands hommes qui sont si dignes de nôtre souvenir, mais il me les mettent devant les yeux. Voila où Spusippe, où Xenocrate, où son Disciple Polemon, avoient coutume de se placer, & c'est là où ils étoient assis. Je suis touché & ému en regardant cette Chaire où Carneades a enseigné ; il semble qu'elle demande encore la voix de ce grand Homme, & qu'elle témoigne des regrets d'en estre privée, *tanta ingenii magnitudine orbata* ; en un mot voila le lieu d'où sont sortis tant d'illustres Philosophes, non seulement ceux que l'on apelle proprement Academiciens, comme Spusippe, Polemon, Crantor, Arcesilas, &c. mais encore les anciens Peripateticiens, *Sed etiam Peripatetici veteres, quorum princeps Aristoteles, quem, excepto Platone haud sciam an dixerint principem Philosophorum, Ad eos igitur converte te, quæso ; ex eorum enim scriptis & institutis, cum omnis doctrina liberalis, omnis historia, omnis sermo elegans sumi potest : tum varietas est tanta artium ut nemo sine eo instrumento ad ullam rem illustriorem satis ornatus possit accedere : ab his Oratores, ab his Imperatores, ac rerumpublicarum Principes extiterunt,* continuë Ciceron, *Mathematici Poeta, Musici, Medici denique ex hoc tanquam omnium artium officina profecti sunt.* Nous pouvons dire aussi en nôtre tems que c'est de là qu'ont emprunté leur nom tant d'illustres Academiciens qui fleurissent aujourdhui en tout genre de disciplines.

A v

Je n'entreprendrai point de faire le denombrement de ces Academies celebres qui font la gloire des beaux Arts dans la France, & dans toute l'Europe, soit pour l'éloquence & pour la pureté du langage, soit pour l'Histoire, ou pour les Sciences, mêmes les plus solides, comme pour la Physique & pour les Mathematiques ; il suffit de remarquer que si le nom d'Academiciens leur fait honneur, ils le doivent au choix que Platon a fait de ce lieu dont nous parlons, & de ce qu'il l'a rendu celebre par ses études. Je n'oublierai pas neanmoins, de dire encore, que les Academies, où l'on apprend les exercices de la guerre, tiennent aussi leur nom de cette ancienne ; & l'on ne doit point s'en étonner, car Platon n'avoit pas moins pourvû aux exercices Militaires qu'aux Arts les plus paisibles. Cependant les Academiciens dont nous devons parler, ne sont que ceux qui ont étudié sous Platon, ou qui ont suivi sa maniere de philosopher.

Des Auteurs sur lesquels on se fonde pour faire cette Histoire.

En second lieu, les Auteurs sur lesquels nous devons principalement nous fonder, sont Ciceron, Plutarque, Sextus Empiricus, Diogene de Laerce & S. Augustin. Je pense que ces Auteurs sont ceux que l'on doit consulter, parce qu'ils ont fait profession de parler des Academiciens. Ciceron est le plus ancien, aiant mesme esté contemporain de Philon & d'Antiochus, pour ne pas dire, de Carneades, qui ont esté tous trois chefs des Academiciens, dont nous allons traitter. Ensuite Plutarque est venu, qui ne parle pas des Academiciens de dessein formé, mais qui en dit plusieurs choses assez remarquables. Sextus Empiricus neveu de Plutarque, est l'un de ceux qui a traité de leurs sentimens le plus exactement. Apres lui Diogene Laerce, ou de Laerce, ou de Laërte, suivant que l'on voudra interpreter le mot de *Laerius*, a entrepris comme l'on sçait, de faire l'Histoire & d'écrire la vie des premiers Academiciens, sçavoir de Platon, d'Arcesilas, de Lacides, de Carneades, & de quelques autres. Pour ce qui est de Saint Augustin, j'ai déja remarqué qu'il avoit écrit trois Livres touchant les Academiciens, & j'en ay traité particulierement dans la seconde partie de mon Apologie : d'ailleurs, on ne doute pas que ce Pere ne se soit apliqué aux sciences humaines aussi bien qu'à celles qui regardent la Religion. Mais on n'a point encore recueilli tout ce que les Auteurs ont écrit touchant nos Philosophes, & l'on ne s'est point avisé de reduire leurs sentimens en corps de doctrine, parce que l'on a pensé vulgairement qu'ils avoient renoncé à toute sorte de sciences. Au reste je souhaite que l'on se souvienne de ce que j'ai dit touchant les faits Historiques, & que l'on ne demande pas icy une plus grande certitude que celle que l'on doit se promettre en matiere d'Histoire. De sçavoir si un tel sentimens, par exemple, est d'un tel Auteur ; c'est ce que l'on pourroit toujours contester ; mais de sçavoir si ce sentiment est vrai ou faux en lui même, c'est ce que l'on peut resoudre aussi certainement que les Theorêmes de Geometrie.

A vj

Chapitre II.

Du nombre, du dessein & de la différence des Académies.

Diogene n'en conte que trois, sçavoir; celle de Platon, qu'il apelle l'Ancienne, celle d'Arcesilas à laquelle il donne le nom de moyenne, & la nouvelle dont il veut que Lacides ait esté le chef : mais Sextus aprés Ciceron, en nomme cinq, ajoutant à celles d'Arcesilas & de Carneades qu'il met en la place de Lacides, les Academies de Philon & d'Antiochus. Nous reconnoîtrons ce qu'elles ont eu de particulier. Cependant il faut sçavoir qu'elles ont tiré de Socrate la substance & le fond de leur doctrine, quoy que Platon ait esté le premier qui leur ait donné le nom.

Dessein general de l'Académie. Socrate aiant tâché de reconnoistre la cause du desordre qu'il y avoit parmi les hommes & mesme parmi les Philosophes, reconnut que c'étoit leur presomption, & pour abbatre l'orgueil des Dogmatistes, qui se regardoient comme des Oracles pensant connoître la verité en toutes choses, eux qui ne sçavoient pas encore qu'ils ne sçavoient rien, & n'avoient pas encore en main la pierre de touche de la verité, il travailla à détruire les préjugez, & osta le voile qui couvroit l'ignorance humaine. En suite, Platon reconnoissant l'importance qu'il y avoit de prendre les vuës de Socrate, ouvrit son

Academie à tous ceux qui voulurent chercher la verité, avec lui, & n'en deffendit l'entrée qu'à ceux qui n'étoient pas instruits des Mathematiques, aiant fait écrire au-dessus de la porte : *Que personne n'entre icy qui ne sçache la Geometrie.* Mais ses Disciples n'aiant pas observé sa methode avec toute l'exactitude necessaire, Arcesilas se vit obligé quelque tems après de travailler à la renouveller, & il s'occupa entierement à refuter les Dogmatistes ; ce qui porta Carneades qui vint après lui à commencer d'établir quelques points de morale ; afin de montrer que les Academiciens n'avoient pas renoncé à toutes sortes de disciplines, commes leurs adversaires. Cela l'obligea de donner des principes pour la conduite de la vie, soutenant qu'il n'y avoit que la vertu qui nous pût rendre heureux, & voulant que l'on observât les loix de la conscience & de la bonne foi. Alors les Dogmatistes étonnez publierent que c'étoit une nouvelle sorte d'Academie, & cela donna lieu à Pilon de faire connoistre que les Academiciens ne s'éloignoient pas des sentimens de Platon. Antiochus fit encore la mesme chose, mais d'une autre maniere. Voilà quel a esté le dessein des Academiciens qui consiste, comme nous voions, à bien & solidement philosopher, sans se jetter d'une extremité à l'autre. Cependant nous distinguerons cinq Academies quoi que Diogene n'en ait conté que trois & que quelques Auteurs mêmes n'en reconnoissent que deux : mais nous remarquerons aussi qu'elles n'ont esté differentes que par quelques circonstances exterieures, comme par les tems, les lieux, les personnes, & non pas par le fond de la doctrine.

CHAPITRE III.

de l'Academie de Platon.

JE n'entreprendrai point icy de faire l'éloge de ce grand Philosophe : plusieurs Auteurs tres-considerables y ont travaillé assez heureusement : on peut voir Marcile Ficin, Patrice, le Cardinal Bessarion & plusieurs autres nouveaux, à moins que l'on n'aime mieux remonter à Ciceron & aux premiers Peres de l'Eglise, comme à S. Justin le Martir, à S. Clement Alexandrin, à Lactance, à Origene, à S. Augustin, à Boëce. Je ne diray rien de nouveau si je parle des bonnes mœurs de cet Academicien, de sa chasteté, de sa pieté & de toutes ses vertus par lesquelles il témoignoit bien qu'il sçavoit mettre en pratique les bons enseignemens qu'il avoit donnez à des Rois & à des Magistrats ; je me contenterai de montrer icy quel a esté le fond de sa Doctrine & le dessein particulier de son Academie.

Dessein de l'Academie de Platon. Il se comporta d'abord comme s'il eust eu à rappeller au bon chemin des gens qui s'en seroient écartez, les arrestant d'abord & les empêchant de poursuivre dans les routes de l'erreur : ensuite il tâcha de les ramener aux principes comme à l'endroit où ils avoient commencé à se détourner de la vérité : après cela il leur donna des regles pour ne plus s'égarer. C'est pour cela qu'il a traitté des idées, afin de faire comprendre que ce n'étoit pas, par des definitions que l'on devoit commencer à chercher la verité, ni par des raisonnemens ; mais qu'il falloit s'attacher aux premieres connoissances afin de trouver la clarté necessaire pour avoir une science parfaite : & cela lui donna sujet de mettre en usage la maniere de philosopher de Socrate, par interrogations & par réponses, ou par meditations, sur les premiers principes. Aussi l'on voit que dans ses Dialogues il n'affirme rien, quoy que neanmoins il decide plus qu'on ne pense, mais d'une maniere adroite, qui n'est comprise que de ceux qui sçavent comment l'on doit chercher la verité : & quoy qu'il ne decide rien à la lettre, il ne laisse pas de conduire l'esprit où il doit aller, pour recevoir les lumieres qui servent à faire les veritables decisions, *non extat opus Platonis, nec extabit unquam* ; dit-il, lui même dans une de ses lettres à Denis Roy de Syracuse : mais cela n'empêche pas que ses Dialogues ne contiennent les sentimens qu'il avoit empruntez de Socrate, & qui sont ceux que les Academiciens ont suivis. Pour ce qui est de sçavoir quels ont esté ses sentimens particuliers, c'est ce que ses seuls amis pouvoient avoir apris de lui en secret : & nous devons toujours penser qu'ils n'étoient pas contraires à ceux de Socrates tels qu'il les a proposez ; mais quand il en auroit eu de contraires, il ne s'ensuivroit pas que nous duſſions nous y arreſter & les ſoûtenir par ſa ſeule autorité : car nous ne faiſons pas profeſſion de ſuivre ſes penſées à la lettre, mais ſeulement d'obſerver ſa methode & ſes principes. Cependant il eſt certain qu'il croioit avoir reconnu des veritez conſtantes, puiſqu'il declare qu'il n'a point voulu commettre ni expoſer la verité aux inſultes des ignorans & des malicieux : je vais donner en racourci une idée de ſa doctrine.

Idée generale de la Doctrine de Platon.

Platon avoit reconnu avec Socrate que les ſens n'étoient pas les juges de la verité des choſes qui ſont hors de nous : & cela poſé, il a eſté obligé de tenir une route contraire à celles des Dogmatiſtes. D'abord il a conclu que ce que nous apercevons par les ſens, ne ſont que des façons-d'eſtre ou modifications de nôtre ame, d'où il tiroit cette conſequence que nôtre ame quelque inconnue qu'elle nous ſoit d'abord, ne laiſſe pas neanmoins de nous être encore plus manifeſte que nôtre corps & que les objets exterieurs ; juſques-là qu'il ſe pourroit faire que nous euſſions toutes les connoiſſances que nous penſons recevoir par les ſens quand même il n'y auroit rien hors de nous, de tout ce qui nous y paroît être ; pourvû que nous euſſions les mêmes modifications. Ainſi, non ſeulement nous pourrions penſer connoiſtre & ſentir de la douleur & du plaiſir, mais encore des mouvemens, des couleurs, des figures, de la liquidité, de la dureté, en un mot tout ce que nous apercevons immediatement par les ſens.

Et parce que nôtre imagination peut produire en nous toutes ces choses & arranger à nôtre discretion tous ces phantômes en les assemblant ou en les divisant en une infinité de manieres ; & que d'autre part la matiere est une pure puissance, passive, incapable d'aucune action, il conclut que les seules puissances intellectuelles ont le pouvoir d'exciter du mouvement. De la il s'éleve à la connoissance d'un premier entendement & d'un premier moteur qui forme & determine tous les êtres en leur donnant leurs proprietez suivant ses idees, lesquelles estant éternelles sont des prototipes, & des originaux dont les copies sont répandues dans tout l'Univers. C'est ce que Boëce exprime fort bien en ces mots,

pulcrum pulcerrimus ipse Mundum mente gerens similique ab origine formans
Immotus dat cuncta moveri.

Ensuite s'attachant à bien connoistre ces originaux ou idées éternelles, il trouve que l'Esprit se propose de deux sortes d'objets, les uns qui sont immuables, estans toûjours & n'étant jamais produits de nouveau ; *quæ semper sunt & nunquam generantur*, & les autres qui sont toujours produits & n'éxistent jamais étant dans un continuel changement, *quæ semper generantur & nunquam sunt*, Il conclut que si nous voulons être heureux il faut nous attacher à ces objets éternels & inviolables.

Voila le fond de la Philosophie de ce premier Academicien, & c'est ce que S. Augustin a raison d'appeller l'Art de Dieu ; c'est à dire l'Art qui conduit à Dieu, en nous détachant des objets sensibles & des choses mondaines & perissables, pour nous faire entrer dans l'homme interieur, & nous élever en suite, de l'homme interieur, à Dieu seul ; *ab objectis externis in hominem solum*, comme dit Plotin, *& ab homine solo in Deum solum*. Et pour parler comme S. Paul, *non contemplantibus nobis quæ videntur, sed quæ non videntur ..... Spiritalibus spiritalia comparantes*. C'est aussi ce qui fit dire à Simplicianus, qui a instruit au Christianisme S. Ambroise & S. Augustin ; que les sentimens des Platoniciens sont propres à insinuer en toute maniere la parole de Dieu : *illis enim omnibus modis insinuari verbum Dei*. Mais ce n'est pas icy le lieu de traiter cela plus au long, il suffit de remarquer que ce sont ces connoissances qui ont fait donner à Platon le nom de Divin, & que toute sa doctrine aussi bien que celle des Academiciens, vient de ce premier pas que l'on fait vers la verité en s'éloignant de la conduite des sens exterieurs. Voila la porte pour entrer dans l'Academie, au lieu que si l'on pense avec les Dogmatistes que les choses sensibles, corporelles, & exterieures sont les plus connuës & les plus certaines, comme s'il faloit seulement considerer ce que l'on peut toucher avec les doits, *quod pugno teneri potest*, on s'éloigne pour jamais de la connoissance des choses spirituelles & divines.

Animalis homo non potest comprehendere quæ dei sunt S. Paul.

CHAPITRE IV.

Des Disciples de Platon.

LES principaux Disciples de ce premier Chef d'Academie ont esté Xenocrate, Aristote, Spusippe. Xenocrate estoit extremement reservé & difficile à se rendre, ne cedant qu'à peine aux demonstrations; il avoit l'esprit un peu lent, au contraire Aristote se laissoit trop facilement aller aux simples vrai-semblances, & souvent il prevenoit les plus hardies decisions, de sorte que Platon avoit coûtume de dire de ces deux Philosophes : *Hic freno indiget, ille calcaribus.* Mais Aristote s'étant trop precipité il entra dans des préjugez qui l'ont éloigné de l'Academie, & c'est pour cette raison que je ne le conte point icy parmi nos Academiciens, quoi qu'il ait porté ce titre plus de vingt ans, ayant étudié pendant ce temps-là sous Platon, & n'ayant pas si tost esté reconnu pour Chef des Peripateticiens. Aussi Platon le voiant s'éloigner de ses enseignemens, disoit, comme l'on sçait : *Aristoteles in nos recalcitravit tanquam pullus in matrem.* Avec tout cela on voit de bons Auteurs qui assurent que ce Philosophe avoit encore conservé le fond de la doctrine de son maistre : effectivement il dit dans ses posterieures Analitiques, qu'il est ridicule de pretendre avoir de la science sans démonstrations, mais cela n'a pas empêché qu'il n'ait reçu des vrai-semblances dans la suite & qu'il ne se soit conduit par le jugement des sens, ce qui est opposé au dessein de l'Academie.

De Speusippe. Speusippe neveu de Platon lui succeda & prit sa place pour enseigner dans l'Academie. Il commença à découvrir les sentimens que son maistre avoit seulement communiquez à ses intimes amis, & voulans ainsi se faire honneur de la science de son oncle, il fit changer de face à l'Academie, & il exposa aux yeux du Peuple, ce que Platon avoit dit qu'il étoit dangereux de découvrir à tout le monde. On voit bien que je veux parler de la science des choses divines que Speusippe ne fit point de difficulté de divulguer. Il enseigna que l'Univers estoit gouverné par une intelligence éternelle qui étoit la premiere cause : *vim quandam dicens, qua omnia regantur eamque viventem* ; & cela contribua neanmoins à ébranler les opinions des Payens de son temps : *tentans evellere ex animis deorum cognitionem.* Mais ce Philosophe se contentant d'heriter des sentimens de son oncle, il n'en voulut point conserver la vertu, ni imiter les mœurs : car il fut trop libre dans ses plaisirs & trop interressé pour les richesses temporelles, ce qui le portoit à exiger de l'argent avec avarice de ceux qui venoient l'écouter, au lieu que Platon avoit enseigné gratuitement. *Plato sua limina terentes gratis docebat*, lui dit Denis des Syracuse, *tu vero tributa exigis & à volentibus ac nolentibus accipis.* Il fit plusieurs Commentaires, & écrivit plusieurs Dialogues, dont il ne nous reste rien p.e

Ciceron 10. de natura deorum.

ſentement, à moins que l'on ne veuille penſer que ce ſont ceux que l'on a ajoutez aux œuvres de Platon, ſçavoir, l'Axiochus, le Syſiphe, le livre des Definitions, & quelques autres. Ariſtote acheta ſes ouvrages trois talents, & probablement c'eſt là deſſus qu'il s'eſt fondé pour refuter Platon. Mais s'il avoit eſté plus équitable, il n'auroit pas rejetté ſur ce Philoſophe les défauts d'un autre, & il auroit plutoſt combatu les ſentimens de Speuſippe que ceux de Platon, mais Ariſtote avoit deſſein de triompher, & Platon étoit pour lui un plus noble adverſaire. Quoi qu'il en ſoit, nous remarquerons que Speuſippe rendit l'Academie plus affirmative qu'elle n'étoit.

De Xenocrate.

Xenocrate de Calcedoine preſida dans l'Academie, aprés Speuſippe : il fut Diſciple de Platon dés ſa jeuneſſe, & il l'accompagna dans ſes voiages : Diogene dit qu'il avoit l'eſprit peſant, mais neanmoins je croirois que la lenteur de ſon Eſprit venoit plûtôt de la crainte qu'il avoit de ſe tromper que d'une mauvaiſe diſpoſition naturelle. Il ſe logea dans l'Academie & il y enſeigna l'eſpace de 25. ans. De meſme que Speuſippe entreprit de traitter de la divinité, auſſi celuy-cy ſe donna pour but de philoſopher touchant la nature de l'ame ; il ne vouloit pas qu'elle fût figurée ni corporelle, fefant neanmoins conſiſter ſa nature dans une force mouvente qu'il diſoit eſtre une eſpece de nombre, comme avant lui les Pythagoriciens l'avoient ſoûtenu. *Animi figuram & quaſi corpus negavit eſſe, verum numerum di-*

xit cujus vis.... Naturâ maxima esset; c'est ce que Ciceron dit de lui, & outre cela il dit encore qu'il exaltoit extremement la vertu, *Xenocratem illum gravissimum Philosophum exaggerantem tantopere virtutem, & extenuantem catera, & adjicientem in virtute, non beatam modo vitam, sed beatissimam ponere.* Au reste cet Academicien devoit bien sçavoir les sentimens les plus secrets de son maistre Platon, lui qui l'avoit suivi dans son voiage en Sicile & qui avoit partagé avec lui tous les accidents de sa fortune. Aussi ces deux Philosophes avoient contracté une si étroite amitié ensemble, que celuy-cy auroit volontiers donné sa vie pour sauver celle de son ami, auquel il croioit devoir toute chose, jusques-là que Denis aiant menacé Platon de lui faire couper la teste, Xenocrate eut bien la hardiesse de dire à ce Tyran: *On n'aura point la teste de cet homme, que l'on ne m'ait ôté la mienne auparavant.*

Nous pouvons donc remarquer que non seulement Xenocrate a eu de tres-bons sentimens, mais qu'il les a aussi reduits en pratique. En effet il etoit extremement chaste, & il resista aux poursuites & aux caresses de plusieurs femmes qui n'auroient pas eu grand peine à vaincre les autres. La courtisane Phriné aiant fait en sorte qu'il fût obligé de la souffrir une nuit dans sa chambre & même de lui accorder une partie de son lit, elle ne put rien gagner sur lui & fut contrainte de le quitter sans qu'il l'eût touchée en aucune maniere: *Dixitque se non à viro sed à statua exire.* Il estoit aussi extremement re-

ligieux à tenir sa parole à ceux à qui li l'avoit donnée ; & les Atheniens qui ne croyoient pas les autres sans les faire jurer, ne demandoient pas qu'il jurast, parce qu'ils se tenoient plus asseurez sur un simple mot de sa bouche que sur les protestations des autres Philosophes. Il méprisoit tellement les richesses qu'il en refusoit quoi qu'elles lui fussent offertes gratuitement. Je ne m'arrêterai pas beaucoup à montrer combien il aimoit la justice ; & combien il étoit incorruptible ; aiant esté envoyé en Ambassade auprés du Roy Philippe de Macedoine, il refusa les presens de ce Prince. *Atque à Philippo dictum esse, solum Xenocratem ex omnibus qui ad se venerant Legatis, munera sprevisse.* Les Atheniens l'ayant envoyé auprés d'Antipatre pour obtenir la liberté de leurs Citoyens que ce Prince avoit pris captifs à la guerre, il ne voulut point qu'on le traitât dans un banquet somptueux qu'on lui avoit preparé avant que de lui avoir rendu ses Concitoyens. *Qui Circé, prudens,* dit-il, *comme Ulisse,*
Possim, vel sanior unquam.
Latari, ac bibere, atque cibum gustare priusquam.
Soluantur socii, mihi reddantur vel ad unum?
Je ne raporterai point icy plusieurs autres faits que l'on peut lire ailleurs : mais je ne dois pas oublier qu'un jeune homme qui ne sçavoit ni Musique, ni Astronomie, ni Geometrie, s'estant venu presenter à lui pour être receu au nombre de ses Ecoliers, il le refusa, lui disant qu'il manquoit des dispositions necessaires : *Abi, ansas enim*

24   *Dissertations*, Livre I. *contenant*
& *adminiculis Philosophiæ cares* ; ce qui fait voir combien les Mathematiques estoient estimées dans l'Academie.

Il seroit à souhaiter que nous eussions tous ses Livres ; mais il ne nous en reste aucun quoy qu'il en ait composé un tres grand nombre. Diogene en conte 140. entre lesquels il y en a de Geometrie ; il en a aussi touchant les idées, l'Unité de Dieu, le souverain bien, l'Ame, la Nature, &c. Il en avoit fait un concernant Pythagore, un autre touchant Parmenide ; le reste estoit de Logique, de Physique, & de Politique : & tout cela composé par un homme que Diogene dit avoir eu l'Esprit lent & pesant. Ajoutons qu'il avoit fait des vers jusqu'au nombre du moins de 345. Cela est perdu presentement, & nous n'avons plus de luy que quelques lambeaux de Morale que l'on a joints aux fragments des Pythagoriciens.

Des A-cademiciennes. Pour ce qui est des femmes qui ont estudié dans l'Academie de Platon ; je n'en diray qu'un mot, parce que les Auteurs n'en parlent presque point, & nous sçavons fort peu ce qu'elles avoient de particulier. Neanmoins je puis dire qu'elles n'estoient pas si secretes que Dama la fille de Pythagore, laquelle conserva la doctrine de son Pere suivant le commandement qu'il luy en avoit fait avant que de mourir. Peut-estre que les écrits que cette fille a conservé si secrettement estoient les vers que l'on attribuë à Pythagore, & je pourrois croire qu'ils contenoient l'explication de ses symboles quoy que je ne disconvienne pas que quelques Pythagoriciens

thagoriciens n'ayent ajoûté à ces Vers & à ces Symboles, quelque chose de leur façon. Je reviens à nos Academiciennes, entre lesquelles il y a eu des Reines & plusieurs Femmes de qualité. Diogene dit qu'il y en avoit une que l'on nommoit l'Astheanie, qui ne disoit pas seulement ce qu'elle avoit autrefois entendu dire à Platon, mais qui se mêloit encore de predire l'avenir, disant en cela, ce qu'elle n'avoit jamais entendu dire à personne. Une autre, sçavoir, Axiothée s'accordoit avec Speusippe à découvrir les secrets de Platon, & à divulguer sa science, rapellant le souvenir de tout ce qu'elle lui avoit entendu dire autrefois. C'est ainsi que la plûpart des grands Philosophes se sont trompez. Ils font difficulté d'écrire leur doctrine, de peur qu'elle ne soit publiée indiscretement ; & il se trouve que leurs Disciples ausquels ils l'ont découverte, la mettent au jour tôt ou tard, & la traitent moins exactement qu'ils n'auroient fait eux-mêmes : de sorte que s'ils ne manquent point ainsi de leur propre mouvement ils ne laissent pas de le faire dans la personne des autres : & avec tout cela, neanmoins ; je ne voudrois pas les condamner, car je m'imagine qu'ils ont leurs raisons pour en user comme ils font.

CHAPITRE V.

De Polemon, de Crates, de Crantor Academiciens de l'ancienne Academie.

POlemon eſtoit extrêmement débauché dans ſa jeuneſſe aiant accoûtumé d'uſer avec excez du vin & des femmes, juſques-là que pour avoir plus de facilité à contenter ſes deſirs, il cachoit de l'argent en differentes places, afin de l'avoir ſous la main, quand il en auroit beſoin pour favoriſer ſes inclinations : on en trouva auprés d'une colomne de l'Academie qu'il avoit caché pour cet uſage. Mais un jour s'étant enivré avec ſes camarades, aiant encore la teſte couronnée de lierre il entra impudemment dans le lieu où Xenocrate entretenoit ſes Ecoliers, & Xenocrate n'interrompit point ſon diſcours qui eſtoit ſur la temperance ; ſeulement il l'étendit davantage & le pouſſa un peu plus fortement qu'il n'auroit fait ; ce qui toucha ſi fort ce jeûne homme, qu'il fit une bonne converſion & quitta entierement ſes debauches, ſi bien qu'il devint le plus ſage & le plus habile des Diſciples de Xenocrate. Il preſida même aprés lui dans l'Academie, & ſur tout il fut renommé pour ſa conſtance ; auſſi il avoit coûtume de dire que le plus grand fruit de la Philoſophie ne conſiſtoit pas dans la ſpeculation, mais dans l'action. Il étoit civil & honnête & il paſſa dans Athene pour homme de probité. Souvent il se promenoit en enseignant, aprés quoy il se reposoit dans un jardin, dans lequel ses Disciples avoient construit de petites hutes de feüillages où ils demeuroient. Au reste il avoit entrepri d'imiter en toute chose Xenocrate; & nous pouvons bien luy attribuer du moins à peu prés la mesme doctrine. Nous n'avons plus rien de luy ; mais voicy ce que Cicéron luy attribuë, *Officia omnia servantem vivere, cum summum bonum, secundum naturam vivere dixisset planissime Polemo.* Cet Academicien soustenoit qu'il falloit vivre suivant la nature : ce que les Stoïciens ayant developé monstroient parlà que l'on devoit suivre en toutes choses la raison & l'honnesteté. Neanmoins Polemon commença à demander quelque petite disposition de la part de la fortune. *Dabit hoc Zenoni, Polemo etiam magister ejus,* dit Ciceron, *& total ista gens & reliqui virtutem omnibus rebus anteponentes ; adjungunt tamen aliquid summo in bono finiendo.* En quoy nous voyons que ce Philosophe approchoit un peu plus des sentimens des Peripateticiens touchant la Morale, que Xenocrate : & l'on pourroit penser que ce fut au tems de ce Philosophe, que l'on commença à distinguer les Peripateticiens, que l'on appelloit ainsi à cause qu'ils se promenoient en fesant leurs conferences de Philosophie.

Crates l'Athenien succeda à Polemon aprés avoir étudié sous luy : Ces deux Philosophes avoient lié amitié entr'eux, & ils s'accordoient parfaitement dans leurs sentimens : Ils enseignerent tous deux dans un

B ij

mesme lieu pendant leur vie, & aprés leur mort ils furent mis tous deux dans un même tombeau. Arcesilas les allant entendre les admira, & dit que c'étoient des Dieux, ou du moins des hommes qui étoient restez du siecle d'or. Crates avoit écrit plusieurs livres tant de Philosophie que de belles Lettres, aussi bien que Polemon, mais nous n'en avons aujourd'hui aucun reste. Il eut pour disciples, Arcesilas, Bion de Boristhene & Theodore, qui fut chef d'une Secte particuliere. Nous pouvons regarder Crates comme aiant entierement suivi les sentimens de Polemon.

Aprés la mort de Crates le Philosophe Crantor enseigna dans l'Academie : il avoit étudié sous Xenocrate, & ensuite sous Polemon, & comme on lui demandoit pourquoi il s'attachoit à cette espece de Philosophie, il répondit qu'il n'en sçavoit point où l'on dit de plus belles choses & de plus solides. Il fut intime ami d'Arcesilas, de mesme que Polemon l'avoit esté de Crates, & neanmoins il ne trouva pas mauvais de ce qu'Arcesilas le pria de le mettre sous la conduite de Polemon, parce qu'il étoit persuadé que son ami ne l'en prioit que par un desir d'apprendre. Il n'ignoroit pas l'Art de la Poësie, & il estimoit assez Homere & Euripide. Il composa un livre touchant la tristesse & les pleurs, par lequel, comme je pense, il tâchoit de se consoler des miseres humaines. Ciceron a fait l'éloge de ce livre en ces termes: *Legimus omnes Crantoris Academici librum de luctu : est enim non maximus, verum aureolus & ut Tuberoni Panœtius præcipit, ad verbum ediscendus libellus.* La perte de ce livre est assez déplorable, s'il est vrai pourtant que nous l'aions entierement perdu. On pourroit dire qu Ciceron en avoit renfermé une partie dans son livre *de consolatione* ; & d'autre part, je pourrois penser que le Manuel d'Epictete en contient aussi une bonne partie. Effectivement il y a de l'apparence qu'Epictete n'avoit pas inventé sa doctrine, & aussi il ne l'a point donnée comme nouvelle, mais plûtost comme venant de Socrate, par les paroles duquel il la termine. Quoi qu'il en soit, Ciceron nous assure que Crantor rejettoit l'indolence. *Non absurde Crantor ille qui in nostra Academia vel in primis fuit nobilis : minime, inquit, assentior iis qui istam nescioquam indolentiam magnopere laudant quæ nec potest ulla esse nec debet expectari. Ne ægrotus sim, inquit, sed si fuerim, sensus adsit, sive secetur quid, sive avellatur à corpore ; nam illud nihil dolere, non sine magna mercede contingit, immanitatis in animo, stuporis in corpore.* Ce n'est pas que cet Academicien ait pensé que la douleur corporelle estoit un veritable mal, mais qu'il faloit tâcher de la supporter en se fortifiant l'esprit par les considerations qu'il avoit faites là dessus, sans se promettre de s'en pouvoir exemter, ni se remplir de l'esperance d'arriver à une certaine indolence que d'autres Philosophes se proposoient comme la recompense & la fin de leur travail & de leurs études. Au reste il faut croire que cet Academicien estoit encore

Acad. quos. lib. 4.

dans les sentimens de Polemon.

CHAPITRE VI.

D'Arcesilas & de son Academie.

ARcesilas voiant que l'Academie de Platon avoit degeneré & reconnoissant que cela venoit de la liberté que l'on prenoit d'y affirmer quantité de choses qui enfermoient de l'obscurité, en avançant beaucoup plus que les Disciples ne pouvoient comprendre, lesquels d'autre costé étoient obsedez par les Dogmatistes, dont les objections leur repandoit des tenebres dans l'esprit, il travailla à remettre l'Academie sur le pied qu'elle étoit du temps de son premier instituteur, & il s'appliqua de tout son pouvoir à combatre toutes sortes de prejugez; deffendant le *pour* ou le *contre*, suivant qu'il étoit necessaire pour ruiner toutes assertions precipitées, & refusant d'enseigner positivement des Esprits qu'il trouvoit mal-disposez. *Maluit*, comme dit Ciceron, *dedocere quos videbat male doctos, quàm docere quos dociles non arbitrabatur.* Aprés tout, il ne suffit pas de dire de bonnes choses, ni de soutenir des veritez, à moins que l'on n'y fasse entrer les gens; & c'est ce qui a donné sujet à Platon de se plaindre de quelques Anciens qu'il disoit avoir écrit pour eux seuls, sans avoir égard à ceux qui les liroient aprés leur mort. Aussi les Philosophes dont nous venons de parler se contentoient de remplir l'Academie du bruit de leurs paroles fans, penetrer dans l'esprit de leurs Auditeurs, dans lesquels pour la plûpart, on trouvoit encore les mesmes tenebres qu'ils avoient apportées avec eux avant que de se mettre sous leur conduite.

Cela donna donc sujet à ce nouvel Academicien de s'appliquer à rétablir la methode de Platon. *Primus hic mediam invexit Academiam negationes continens propter sermonum contrarietates: primus quoque in utramque partem disserere aggressus est; illudque orationis genus quod Plato tradiderat, per interrogationem ac responsionem, ex umbra, in certamen ac pulvarem primus eduxit.* Son dessein n'étoit pas de prouver que l'on ne pût rien sçavoir, mais de découvrir la verité quelle qu'elle fût : c'est ce que dit Ciceron en plusieurs endroits. *Arcesilam non obtrectandi causa, sed verum invenire voluisse sic intelligitur &c..... Cum Zenone ut accepimus Arcesilas sibi omne certamen instituit, non pertinacia aut studio vincendi, ut mihi quidem videtur, sed earum rerum obscuritate quæ ad confessionem ignorationis adduxerunt Socratem.* En effet cet Academicien craignoit de troubler les Esprits par la contrarieté des dogmes, & c'est pour cela qu'il n'en vouloit établir aucun dont le contraire pût estre soûtenu avec quelque apparence de raison. C'est pour ce sujet qu'il introduisit la suspension du jugement ἐποχή non pas comme la derniere fin de la Philosophie, ni comme son principal but ; mais comme une disposition avantageuse pour éviter l'erreur. *Assentionis retentio in qua melius sibi constitit Arcesilas, si vera sunt quæ de*

Lib. 4. Acad. quæst.

Carneade nonnulli existimant: si enim percipi nihil potest, quod utrique visum est, tollendus est assensus: quid enim tam futile quam quid quam approbare non cognitum? Qui peut douter que ce ne soit une chose bien indigne du sage que de tomber dans l'erreur ou dans des prejugez: & ne faut-il pas avoüer qu'Arcesilas avoit bien raison de faire tous ses efforts pour empêcher que l'on ne se trompast, *Sapientis hanc censet Arcesilas vim esse maximam Zenoni assentiens, cavere ne capiatur, ne fallatur, videre.*

Ibidem.

Avec tout cela neanmoins cet Academicien ne laissoit pas de soutenir les sentimens de Platon, & de les enseigner à quelques-uns de ses Disciples, qu'il trouvoit les mieux disposez à recevoir sa doctrine : c'est ce que Sextus dit que l'on assuroit de lui. *Ferunt ipsum primo aspectu visum esse Pyrrhonium, vere autem dogmaticum fuisse, & cum in familiaribus periculum faceret, suis dubitationibus an naturam aptam ad percipienda Platonis dogmata haberent, existimatum fuisse ἀπορητικόν id est dubitatorem fuisse : at familiaribus suis qui ingenio præditi essent, Platonis doctrinam tradere.* Parce qu'il se servoit de la Dialectique de Diodore, dit encore Sextus, on croioit qu'il ne voulût rien affirmer ; mais neanmoins il étoit vrai Platonicien, *plane tamen esset Platonicus.* C'est pour cela aussi que l'on disoit communement de cet Academicien.

Lib. 1. Hipot. Pyrrho. cap. 33.

Ante Plato, Pyrrho retro, medius Diodorus.
En ne le regardant que par derriere, on l'auroit pris pour Pyrron, & en le considerant

de profil & à costé on l'auroit pris pour Diodore le dialecticien : mais en le regardant de front & comme l'on doit envisager une homme pour le bien connoistre, on l'auroit pris pour Platon.

Nous n'avons aucun ouvrage de sa façon, & probablement il n'avoit rien écrit : & il auroit pu dire, *non extat opus Arcesilæ, nec extabit unquam*, comme Platon avoit dit en son tems. De sorte que de toute sa doctrine il ne nous reste que deux maux, *mala ! particulares affirmationes*. Les maux des hommes consistent en ce qu'ils affirment que de certaines choses particulieres sont des biens ou des maux, & au contraire leurs veritables biens consistent dans les doutes qu'ils forment sur la nature des choses qui semblent estre communément des biens ou des maux : ainsi c'est un mal d'assurer que les richesses temporelles sont des biens, ou que la gloire, les honneurs, les aplaudissemens du monde sont des biens : c'est encore un mal d'assurer que le mépris des hommes, la pauvreté & les autres évenemens particuliers de la fortune soient des maux, au lieu que si l'on doute de toutes ces choses, & si on les regarde avec indifference, autant de fois qu'on le fait, autant de fois on s'acquiert de veritables biens qui consistent en de bonnes dispositions d'esprit. Il est assez facile de voir qu'en cela il s'accordoit parfaitement avec Platon & avec Socrate, lesquels avoient méprisé les choses particulieres & les avoient considérées comme sujettes à l'instabilité & n'aiant rien en elles mesmes que ce qu'elles tiroient de l'opinion & des prejugez des hommes.

Noſtre Academicien aprit en premier lieu la Geometrie d'Autholicus ſon compatriote, & enſuite il s'addonna à la Muſique ; aprés quoi, il alla entendre Theophraſte, mais n'aiant point trouvé dequoi ſe contenter dans la Doctrine de ce Philoſophe, que Ciceron dit avoir fort affobli la vertu, *qui nervos virtuti inciderat*, il le quitta pour entrer dans l'Academie. Son frere meſmes le portoit à s'addonner à la Rethorique, mais il avoit trop d'eſtime pour la Philoſophie à laquelle il s'attacha entierement. Il ne laiſſoit pas neanmoins de faire des vers, & il aimoit fort Homere, duquel il liſoit tous les jours quelque choſe avant que de ſe mettre au lit, mais pour ce qui eſt de Platon il l'avoit toute la journée à la main. Il ſe ſervoit ſouvent de cette façon de parler, cela me ſemble vray : neanmoins je ne l'aſſure pas. Il eſtoit fort eloquent meſme au temoignage de Ciceron : *Tanta Arceſilæ & copia rerum, & dicendi vis fuit* : Diogene en dit la meſme choſe: *Magna illi erat ultra omnes perſuadendi quæ vellet acrimonia*. Et quoi qu'il refutât les gens avec bien de la force, & ſans les épargner; on ne laiſſoit pas neanmoins de prendre plaiſir à l'entendre & à recevoir ſes inſtructions; parce qu'il étoit ſi honneſte & ſi adroit, qu'il ſe faiſoit aimer en reprenant & en ſatyriſant: *Erat enim vir egregie bonus*, dit Diogene, *ſuoſque auditores bona ſpe plenos emittebat*. Ciceron lui donne les titres d'honeſte homme & d'homme d'eſprit, & S. Auguſtin les lui donne auſſi : *Arceſilas vir acutiſſimus atque huma-*

nissimus. Il ne se mêloit pas volontiers des affaires publiques, & en cela il suivoit le conseil des Pythagoriciens. Il refusa plusieurs fois de faire la Cour au Roy Antigonus; aussi aiant esté envoié en Ambassade auprés de ce Prince, il retourna sans avoir obtenu ce que les Atheniens demandoient. Il établit sa demeure dans l'Academie, allant neanmoins loger dans le Pyrée de tems en tems. Je ne dois pas oublier de dire un mot de sa constance. Ciceron & Diogene raportent qu'étant incommodé de la goute & l'aiant fort enflammée, Carneades, qui le vint voir, lui témoigna de la tristesse, & le voulant quitter, de crainte qu'il ne lui fût incommode, dans un tems auquel il le voioit attaqué des plus vives douleurs, Arcesilas lui dit: Demeurez, mon cher Carneades, car les douleurs de mes pieds ne vont point jusqu'à mon ame.

Avec tout cela, cet Academicien ne laissa pas d'avoir des calomniateurs, & comme il combatoit fortement les Stoiciens, quelques Poëtes, aussi bien qu'Ariston qui faisoit profession de vendre sa doctrine, se crurent interressez à le blâmer & à lui dire des injures, de même que d'autres calomniateurs de pareille coterie: ils le taxoient donc d'être extrememment voluptueux, & de s'abbandonner à des plaisirs qui sont du dernier excés. Mais quand ce Stoicien de nom ne l'auroit pas faussement accusé, comme on a fait autrefois Platon & Socrate, il n'y auroit qu'à dire en un mot, que cet Academicien peut bien avoir manqué contre sa propre doctrine, &

qu'il n'étoit pas plus impeccable que les autres hommes ; neanmoins, il se trouva mêmes parmi les Stoïciens des personnes assez sinceres & assez équitables pour le deffendre; entr'autres, Cleante dont la sagesse n'étoit pas feinte, de mesme que celle d'Ariston, que Seneque & quelques autres Auteurs ont regardé comme un volage & un interressé. *Cum diceret quidam Arcesilam vitæ officia negligere: Quiesce*, dit Cleante, *neque vituperes: ille enim etsi verbis officia tollit, operibus tamen commodat.* Cessez, cessez de blâmer Arcesilas, car si par ses doutes, il semble détruire les devoirs de la vie, il les rétablit par ses actions, *operibus tamen commodat.* Arcesilas aiant entendu ce dialogue, dit à Cleante qu'il n'aimoit pas à estre flatté, & Cleante lui répondit, ce n'est pas vous flatter de dire que vous dites des choses & que vous en faites d'autres. Quelques-uns le blâmoient d'aimer l'ostentation & la vaine gloire, mais pour le justifier, il n'y a qu'à écouter Diogene. *Cum tamen*, dit-il, *alioqui ita moderatus & fastus fugiens erat ut discipulos moneret & alios audiret.* Non seulement il enseignoit à ses Disciples de fuïr la vaine gloire, mais il leur en donnoit lui mesme l'exemple, allant écouter les autres Philosophes avec autant d'humilité & de patience que s'il avoit esté un de leurs Neophites. Outre cela c'étoit sa maxime que de vouloir cacher le bien qu'il faisoit, suivant en cela Platon, qui demandoit, comme l'on sçait, que l'on fût si porté de soi-mesme à la vertu & à la justice, que l'on n'eût pas besoin de se servir jamais de la bague de Giges, ni de demander d'autres témoins que la conscience: *Gratiam omni studio latere quærebat*, dit Diogene, parlant d'Arcesilas, *fastum hujusmodi maxime abhorrens*. Avec cela il estoit fort liberal & bien faisant de son naturel, comme dit aussi le mesme Diogene: *Erat illi summa facilitas in communicandis rebus suis, atque ad conferenda beneficia promptus occurrebat*. Seneque & Plutarque nous proposent pour exemple, l'un en traitant des bienfaits, l'autre en parlant des veritables amis, sa liberalité & sa maniere honneste d'agir. J'ai dé-ja dit que cet Academicien ayant esté voir un de ses amis qui estoit malade, il mit en cachete une bourse d'argent sous le chevet de son lit, & que le malade ayant rencontré cette bourse inopinément, dit, la montrant à ceux qui estoient auprés de lui, *En lusus Arcesila*. Voila la maniere dont Arcesilas a coûtume de joüer. Nous voyons encore que Diogene assure qu'il envoya à ce mesme Philosophe mille pieces d'or de la monnoye de son tems en pur don. Il fit aussi la fortune d'un nommé Archias le recommandant si bien à un de ses amis qu'il en fut élevé à une grande dignité.

On le regardoit comme un autre Aristippe, parce qu'il faisoit souvent des banquets, où il traittoit ses amis somptueusement, & parce qu'il ne se servoit qu'en vaisselle d'argent, aiant même des vases d'or à l'Academie; mais il y a cette distinction à faire qu'Aristippe n'étoit magnifique que pour son plaisir & Arcesilas l'étoit pour les autres, leur prétant sa vaisselle d'argent & la leur donnant volontiers, comme il fit à un certain qui venoit la lui rendre dans le tems qu'il avoit promis. C'est ainsi qu'Arcesilas se deffendoit lui-mesme par ses bonnes actions & nous ne sçavons pas tout le bien qu'il a pu faire, dont Dieu seul & sa propre-conscience ont été les temoins. Cependant il a eu des ennemis & des calomniateurs, aussi bien que des deffenseurs: & s'il avoit eu à choisir, il auroit toujours mieux aimé que l'on eût médit de lui, que de sa doctrine: mais il ne pouvoit empêcher qu'il n'y eût des gens assez injustes pour blâmer la doctrine & ses mœurs; sa doctrine par ignorance, & ses mœurs par malice. Avec tout cela il supportoit patiemment l'insolence & l'effronterie de ses calomniateurs; & bien loin de s'irriter contre eux, il se contentoit de leur reciter quelques vers d'Aristipe, *Aristippi crimen recensebat.* Enfin il ne pouvoit souffrir que l'on s'avançât aux disciplines, sans avoir les dispositions necessaires, ni que l'on prononçât decisivement sur les choses que l'on ne concevoit pas avec toute l'évidence qui est necessaire pour avoir une veritable science.

CHAPITRE VII.

Des Disciples d'Arcesilas.

ON n'en nomme que trois des principaux, quoi que cet Academicien en ait eu un grand nombre; qu'il auroit aussi tost diminué qu'augmenté, s'il eut esté bon de le faire pour l'interest de la verité. Diogene raporte qu'un de ses Ecoliers lui aiant témoigné qu'il desiroit d'aller entendre Hypponicus, il le prit par la main & le conduisit lui-mesme à ce Philosophe, l'avertissant seulement qu'il eut soin d'apprendre par ordre & de conserver du respect pour la doctrine de ses maistres. Au lieu que Theophraste ne permit pas si volontiers qu'Arcesilas le quitât : car il s'en plaignit, comme ayant perdu un Disciple qui promettoit beaucoup par la vivacité de son esprit : *Quàm promptus atque ingeniosus adolescens*, dit-il, *è schola nostra discessit!* Cependant l'on peut dire qu'Arcesilas avoit beaucoup plus d'auditeurs que de disciples ; & l'on ne doit pas s'en étonner, car il étoit fort éloquent & parloit fort agreablement : on ne doit pas non plus s'étonner de ce qu'il a eu moins de Disciples, parce qu'aprés tout il ne faisoit profession d'enseigner aucun dogme, se contentant de refuter ; & c'est pour cela que quelques-uns le quitterent pour suivre des Epicuriens. *Percontanti cur ex Discipulis aliis plerique ad sectam Epicuream transirent, ex Epicurea vero, nullus ad cæteros se transferret, respondit, quia ex viris quidem galli fiunt, ex gallis, viri numquam.* On quittoit aussibien les autres qu'Arcesilas pour les Epicuriens : car outre que ces derniers promettoient des voluptez qui attirent sur tout les jeunes-gens, c'est que naturellement on aime à être affirmatifs, comme étoient ces Philosophes, quoi que leur maistre Epicure ait eu beaucoup de raport avec les Academiciens & les Sceptiques, lui qui avoit esté intime ami de Carneades. Nôtre Academicien estoit fort facile & obligeant envers ses Disciples, & il estoit aussi fort reconnoissant envers ses maistres ; témoin ce qu'il fit à Hyponicus, qui avoit perdu le sens par quelque sorte de maladie ; il le tint chez lui jusqu'à ce qu'il fût guerri, en ayant beaucoup de soin : cet Hypponicus avoit l'esprit, comme dit Diogene, extremement dur & pesant, de sorte qu'Arcesilas disoit qu'en baaillant, la Geometrie lui étoit entrée dans la bouche, parce qu'il la possedoit tres-bien, & que l'on ne concevoit pas facilement qu'ayant l'esprit fait comme il l'avoit, il avoit pu atteindre à la perfection de cette science.

Ses trois principaux Disciples sont Bion de Boristhene, Lacides, & Carneades. Pour ce qui est de Carneades, j'en parleray separémét dans le Chapitre suivant ; mais pour Bion je ne pense pas qu'on le doive regarder comme Academicien, tant parce qu'il n'a pas observé les regles ni les principes de l'Academie, que parce qu'il s'étoit attaché à plusieurs Dogmatistes mesmes aprés avoir quitté les Academiciens : de sorte que l'on doit plûtot le considerer comme Disciple de Theodore qu'il avoit suivi beaucoup plus qu'Arcesilas : or ce Theodore passa pour Athée en son tems, parce qu'il ne reconnoissoit pas la pluralité des Dieux des Payens. Bion étudia aussi sous Crates l'Athenien. Au commencement, il meprisoit l'Academie ; & je m'imagine que c'estoit dans le tems qu'il étudioit sous Crates ; & quoi qu'il ait un peu plus estimé Arcesilas, il ne laissa pas neanmoins de le quitter & de se renger avec les Cyniques : *Cynicum elegit, institutum sumpto pallio & pera*. Ensuite il alla vers Theodore duquel il aprit à dire plusieurs choses que l'on regardoit comme des impietez : aprés cela il étudia sous Theophraste. Je ne parleray pas davantage de ce Philosophe, parce qu'il doit passer pour Dogmatiste, plûtost que pour Academicien.

Je ne sçai pourquoi Diogene parle de Lacides, comme d'un chef d'Academie, car ce Philosophe n'a fait que suivre le dessein d'Arcesilas ; neanmoins à cause qu'il établit son Academie dans un jardin que le Roy Attalus avoit fait cultiver, assez proche du lieu où les autres Academiciens avoient enseigné & que l'on apella ce jardin, *Lacidium*, du nom de Lacides, Diogene a pu regarder ce lieu comme une nouvelle Academie, d'autant plus qu'il y presida pendant 24. ans. Il designa Evandre pour son successeur, & Evandre voulut qu'Eginus lui succedast, aprés lequel Carneades commença à presider. Cet Academicien aussi bien que ses predecesseurs, temoignoit beaucoup d'estime pour la Geometrie. Cependant on peut remarquer que d'abord on apella son Academie nouvelle, comme celle d'Arcesilas, que Diogene commença à distinguer en l'appellant, la moïenne : mais plusieurs Auteurs ne distinguant que deux sortes d'Academies les rengent toutes à l'Ancienne ou à la nouvelle, sans faire autre distinction. Le Roy Attalus ayant sollicité Lacides de le venir voir, il le refusa plusieurs fois, & enfin il lui dit qu'il ne faloit regarder les figures que de loin pour les trouver belles ; voulant faire entendre que ce Prince n'étoit considerable que par ses richesses ou par sa pompe exterieure, & qu'il ne faloit pas trop s'approcher de lui, de peur de reconnoistre les defauts de son esprit. Je ne dois pas oublier de raporter icy un trait de Plutarque par lequel on peut voir que cet Academicien étoit du sentiment & de l'humeur de son Maistre Arcesilas, voulant comme lui, faire du bien sans estre connu ; parce qu'en Philosophie, dit Plutarque, les Enfans ressemblent à leurs Parens, Lacides un des Disciples d'Arcesilas, assistant à un jugement qui se faisoit de Cephisocrate, qui étoit accusé d'avoir conspiré contre les Magistrats d'Athene ; comme l'Accusateur demandoit que l'on regardast un anneau qu'il avoit au doigt, pretendant par-là le convaincre ; l'accusé eut l'adresse de le laisser tomber secretement, & l'anneau estant roullé tout doucement auprés de Lacides, il mit le pied dessus & le cacha. Cephisocrate ayant esté declaré innocent, il vint aprés cela remercier ses Juges, dont l'un, qui avoit observé ce qui s'étoit passé, luy dit, Allez remercier Lacides, car sans lui vous auriez esté condamné. En quoi nous voions que Lacides, qui avoit sauvé la vie à cet homme, ne lui en avoit pas seulement dit un mot à luy mesme, & qu'il avoit encore moins resolu de le dire à aucun autre. C'est ainsi que Plutarque

Diogene lib. 4.

loüé en mefme tems le Maiftre & le Difciple, & qu'il reconnoit, non feulement la bonté de leur maxime, mais encore le foin qu'ils avoient de la reduire en pratique.

Chapitre VIII.

De la troifiéme Academie, & de Carneades qui en a efté le Chef.

ARcefilas avoit fait tous fes efforts pour détruire la préfomption des Dogmatiftes, en les obligeant d'obferver les Loix de la Recherche de la verité, & l'on en étoit venu à ce point, que l'on avoit befoin d'une morale provifionnelle pour fe conduire en attendant les connoiffances que les Academiciens cherchoient. Ce Philofophe s'appliquât donc à la fcience des Mœurs. *Phyfica minus curam habuit, Ethica magis fe devovit:* & cela lui donna lieu de mettre au jour ce beau principe, qu'il faloit fe conduire par la foi, en attendant la connoiffance évidente de la verité, chacun devant fe propofer fa confcience pour juge & pour remunerateur de fes bonnes actions. Cet Academicien étoit fi éloquent, que des Orateurs mêmes de profeffion venoient pour l'entendre, & l'eftime que l'on faifoit de lui alla fi loin, que quelques-uns ont efté affez fuperftitieux pour dire qu'à fa mort il fe fit une éclipfe miraculeufe de Lune. *Eclipfim Lunæ factam ajunt, ut compati fibi videri poffet pulcerrimum poft folem fidus.* Il vécut 85. ans, & il écrivit plusieurs lettres à Ariathe Roy de Capadoce ; pour ce qui est des autres écrits qu'on lui attribuoit, ils avoient esté faits par ses Disciples : nous n'en avons plus rien aujourd'hui; & voicy seulement ce que j'en ay trouvé dans Ciceron, & dans Sextus, Empiricus.

1.° Ciceron dit qu'il consentoit que l'on receût quelquefois des opinions, mais le mot d'opinion estant équivoque, il faut l'expliquer, & d'abord. On peut s'assurer que Carneades ne vouloit pas que l'on se rendist à des opinions ni à des prejugez en matiere de science, mais seulement il consentoit que l'on formast des actes de foy & de croiance sur de certains faits, & c'est ce que Ciceron appelle en quelques endroits *opiner* : cela ne regarde, comme j'ay dit dans mon Apologie, que les actions particulieres, soit pour le present soit pour le passé ou pour l'avenir : or parce qu'il n'est pas possible d'avoir des demonstrations sur de pareils sujets : il faut en cela suivre la vray-semblance, mais neanmoins sans y donner un consentement pareil à celui qui se donne aux dogmes de science. Aussi le même Ciceron loue extremement le dessein de Carneades, d'extirper entierement l'opinion de l'esprit des Philosophes. *Herculis quendam laborem*, dit-il, *exhantlatum à Carneade, qui feram & immanem belluam, sic ex animis nostris assentionem & opinationem extraxisset* : & en cela cet Academicien n'avoit fait autre chose que de suivre le sentiment de Platon, qui refuse l'opinion pour conduite en matiere de science, *opiniones omnes, absque scientia, turpes esse*, disoit-il, *quarum, quæ optimæ, cæcæ sunt, & qui absque intelligentia verum aliquid opinantur, non differunt à cæcis qui recto tramite gradiuntur.* On peut encore prendre le mot d'opinion en un autre sens, comme pour toute sorte de sentiment ou consentement de l'esprit generalement, soit certain, soit incertain : Ainsi l'on pourroit dire comme Ciceron, que Carneades vouloit que l'on opinast, c'est à dire, que l'on affirmast en matiere de science en recevant quelque dogme ; cela se confirme par un passage dans lequel il est dit que Carneades consentoit que l'on opinast, quand mesme il seroit impossible de comprendre aucune chose par les sens. *Assensurum esse sapientem, nihil ad hanc controversiam pertinere ; licebat enim nihil percipere, & tamen opinari, quod à Carneade dicitur probatum* : en quoy l'on voit assez que Ciceron veut dire, que Carneades consentoit que l'on receut quelques dogmes, quand mesme il seroit impossible de comprendre aucune chose de ce qui est hors de nous. Il ne faut donc point prendre icy le mot d'opinion dans sa signification propre & particuliere, mais generalement, comme l'on prend quelquefois le mot de science pour toute sorte d'Arts & de Disciplines. Neanmoins je trouve qu'il est plus juste & plus raisonnable de le prendre dans sa signification propre, lors que l'on parle en Philosophe & sur tout en Academicien. Aussi je trouve que S. Augustin interprete mieux le mot d'opinion, & qu'il en parle plus exactement, lors qu'il distingue trois dispositions de l'esprit, concevoir, croire, & opiner. *Quod concipimus*, dit ce Pere, *rationi debemus, quod credimus authoritati, quod opinamur, errori*. Il y a différence entre croire & opiner : car comme nous verrons, celui qui croit se conduit par le jugement de celui dont il suit l'autorité, au lieu que celui qui opine, se conduit par son propre jugement : il est vrai que celui qui croit, juge aussi en quelque maniere, mais il ne juge pas precisément de la chose qu'il croit, quoi qu'il juge que celui sur l'autorité duquel il croit, ne se trompe pas. C'est pour cela que S. Augustin dit, *Authoritati credere, magnum compendium est* : car il n'y a qu'un seul jugement à faire pour se determiner à l'égard d'une infinité de choses, qui est que celui dont on suit l'autorité est bien éclairé, & ne veut pas nous tromper : or si ce jugement est infaillible, comme en fait de foy divine, les consequences en sont certaines, quoi qu'elles ne soient ni claires, ni évidentes.

2. Cet Academicien reconnoissoit plusieurs sortes de vray-semblances & de probabilitez comme dit Sextus Empiricus, & nous verrons dans la suite comment on le doit interpreter en cela : cependant ces probabilitez ou vray-semblances regardoient principalement les actions particulieres de la vie, & l'obeissance que l'on devoit à la foy & au jugement de la conscience : & c'est ce qu'il s'étoit proposé de traiter particulierement. Voici une de ses maximes, si l'on sçavoit en secret qu'un ennemi ou une autre personne, à la mort de laquelle on auroit inte-

rest, viendroit s'assoir sur de l'herbe, sous laquelle il y auroit un aspic caché, il faudroit l'en avertir, quand mesme on ne pourroit estre repris d'avoir gardé le silence en cette occasion : *Si scieris, inquit Carneades, aspidem occultè latere uspiam; & velle imprudentem super eam assidere, cujus mors tibi emolumento futura sit, improbe feceris nisi monueris ne assideat, sed impune tamen id te constaret fecisse : quis enim coarguere possit ?* Cette doctrine est admirable & sans doute elle est bien digne du Christianisme, car qu'y-à-t-il de plus digne du Christianisme que de faire du bien à son ennemi, & de le faire sans esperance d'en estre recompensé en ce monde : Voila cependant ce que les Academiciens se disposoient de suivre & il seroit facile de montrer que Platon, Arcesilas, Lacides & les autres, se proposoient de pareilles maximes pour but, & les reduisoient en pratique, comme nous avons déja vû. Et l'on ne doit pas dire d'autre part que les Chrêtiens leur aient inspiré ces sages pensées, ni que cela leur ait esté attribué après coup : car Ciceron a rapporté ces choses avant la naissance temporelle de Jesus-Christ, quoi que neanmoins je consente que l'on dise que le premier Academicien, dans les écrits duquel les autres avoient puisé ces sentimens, les ait luy mesme tiré de nos Patriarches & de nos Prophetes : car après tout je ne pense pas que ces veritez soient venuës d'autre part que de cette source de lumieres qui se repand dans tous les esprits, *à quocumque verum discitur, ab eo discitur qui est veritas.*

3. Carneades ne difputoit contre les Stoiciens, que touchant le *criterium* de la verité, & quelques points de Phyfique ; car il s'accordoit affez avec eux en matiere de morale, principalement avec Cryfippe, duquel il difoit : *Si Cryfippus non fuiffet, non effem ego.* En un mot, toutes les conteftations qu'il a euës, n'ont efté qu'afin de profiter pour la connoiffance de la verité ; c'eft ce que Ciceron dit de lui, auffi bien que d'Arcefilas, *Carneades ita multa differuit, ut excitaret homines non focordes, ad veri inveftigandi cupiditatem.* Il s'accordoit auffi en plufieurs points avec Epicure, qui étoit fon contemporain & fon ami, & Epicure n'a pas efté fi éloigné que l'on pourroit croire des fentimens des Stoiciens, comme Seneque le fait affez voir.

4. Carneades deffendoit fortement la liberté ; & voicy ce qu'en dit Ciceron : *Carneades, dicebat Epicureos deffendere poffe libertatem contra Stoicos, non concedendo omnia quæ fierent fieri à caufis antecedentibus ; voluntatis enim noftræ non effe caufas externas & antecedentes.* Voicy comment noftre Academicien argumentoit : Si toutes chofes fe font par des caufes antecedentes, elles doivent arriver neceffairement, & elles font produites par le deftin, comme par une fuite de caufes que la neceffité a fubordonnées : mais il eft conftant qu'il y a des actions qui dependent de nous & font contingeantes : donc elles ne fe font pas toutes par des caufes externes & antecedentes : *Eft autem aliquid in noftra poteftate : at fi omnia fata fiunt*

fiunt, omnia causis antecedentibus fiunt: non igitur fato fiunt, quæcumque fiunt. C'est ainsi que Ciceron le fait raisonner: mais quoi que ce raisonnement semble supposer ce qui est en question, sçavoir qu'il y a quelque chose en nostre puissance, nous ne laisserons pas neanmoins de reconnoistre, que Carneades aussi bien que Platon, vouloient que nostre ame eût d'elle mesme la puissance de se mouvoir, & de se determiner: en effet, ils pensoient aussi bien que les Pythagoriciens que c'étoit une force mouvente, qu'ils regardoient comme une espece de nombre, *numerus se movens*, & cela posé, la liberté étoit établie.

5. Pour ce qui regarde la Rethorique, Carneades ne l'estimoit pas, à moins qu'elle ne fût gouvernée par un bonne Philosophie, *tum maxime significabat eos qui Rethores nominarentur, & qui dicendi precepta traderent, nihil plane tenere, neque posse quemquã facultatem assequi dicendi, nisi qui Philosophorum inventa didicissét*: Et cependant, Ciceron le regardoit comme tres-éloquent; *Carneadis vis incredibilis illa dicendi, & varietas* disoit ce grand Orateur Romain, *perquam esset optanda nobis, qui nullam unquam in suis disputationibus rem deffendit quam non probarit, nullam oppugnarit quam non everterit.*

2. De Oratore.

Enfin, S. Augustin represente cet Academicien comme le plus endormi de tous les Philosophes, *cæteris altius dormiebat*, & ce Pere entendoit par là que Carneades rejettoit les jugemens des sens encore plus fortement que les autres Academiciens, en ce qu'il ne distinguoit point la veille, du sommeil, pour

C

ce qui concerne la connoissance des choses qui sont hors de nous : Mais ni Platon, ni Arcesilas n'étoient pas moins endormis que ce dernier, pour ne pas dire qu'ils veilloient peut estre plus que les autres hommes, parce qu'ils ne prenoient pas des phantômes de l'imagination pour des êtres veritablement existants hors de nôtre pensée. Mais S. Augustin qui se joüe en parlant ainsi de ce Philosophe, n'estoit pas moins persuadé que lui de la fausseté des apparences sensibles.

Voila ce que nous pouvons remarquer touchant Carneades, en quoi nous observerons que son Academie n'a esté differente de celle d'Arcesilas qu'en ce qu'il a entrepris de developer plusieurs sujets de Morale, qu'Arcesilas n'avoit point mis au jour. Pour ce qui est de ses Disciples, nous parlerons des plus considerables, en traitant de la quatriéme & de la cinquiéme Academie, & cependant nous allons dire un mot de Clitomaque.

De Clitomaque. Ce Philosophe avoit esté élevé par Carneades, qui l'avoit comme associé avec lui dans le dessein de son Academie, l'ayant fait instruire dés sa jeunesse. Il a écrit plus de 80. Volumes que nous n'avons plus & dont il ne nous reste que quelques fragments, raportez par Ciceron ; desquels nous ferons l'explication separément. Cet Academicien étoit encore fort éloquent au jugement de Ciceron : mais il me semble que ce grand Orateur estimoit en ces Philosophes la force des pensées, plûtôt que l'artifice des paroles; & après tout il n'y a rien de plus éloquent que la verité, elle triomphe facilement des esprits lors qu'elle n'est point obscurcie par des équivoques, ny par de mauvaises expressions. Clitomaque fut désigné par Carneades pour son successeur, estant un homme fort studieux & fort ami du travail, *qui usque ad senectutem cum Carneade fuit, homo acutus, ut Pœnus, & valde studiosus ac diligens*; on l'appelloit Asdrubal, en son pays. Diogene assure qu'il esté de trois Sectes, sçavoir de celle des Peripateticiens, de celle des Academiciens & de celle des Stoïciens, mais je pense qu'il n'avoit retenu des Peripateticiens & des Stoïciens, que ce qui pouvoit quadrer aux sentimens de l'Academie, car il suivoit ceux de Carneades & il a écrit quatre Livres de la suspension de jugement, *de sustinendis assentionibus*. *Ciceron, de Academicis.*

Ciceron, de Academicis.

CHAPITRE VIII.

De la quatriéme Academie, & de Philon qui l'avoit instituée.

SI l'on ne veut pas que Philon passe pour chef d'Academie, il faut du moins avoüer qu'il a esté un Academicien considerable. Il est vrai que Diogene n'en dit pas un mot, non plus que d'Antiochus qui l'a suivi; mais Ciceron, Plutarque, Sextus Empiricus, & S. Augustin, en ont parlé assez avantageusement. *Philone autem mortuo*, dit Ciceron, *patrocinium Academiæ non defuit*, en quoi il témoigne que ce Philosophe avoit esté Chef ou Patron de l'Academie. Il n'est pas necessaire d'avertir icy que ce Philon est un autre que Philon le Juif, car celui dont nous parlons étoit natif de Thebe en Grece, & l'autre de Judée ; mais cependant ils ont tous deux esté Sectateurs de Platon. Nous regarderons donc Philon de Thebe, comme un Chef des Academiciens, parce qu'il a donné une nouvelle forme à l'Academie aprés Carneades, la voulant faire passer pour Ancienne, *Antiochi magister Philo, magnus vir*, dit Ciceron, *negarat in libris quos etiam ex ipso audiebamus, duas Academias esse, erroremque eorum qui ita putarant, coarguit.* Arcesilas n'avoit entrepris d'établir aucune chose, & Carneades n'ayant traité que de morale, les Dogmatistes du tems de Philon, disoient que les Academiciens avoient dessein de ruïner toutes les sciences, parce qu'ils détruisoient leurs préjugez, & parce qu'ils rejettoient entierement la connoissance des sens, pour juger de la verité des choses qui sont hors de nous, au lieu qu'ils n'auroient pas eu un mot à dire, si ces Academiciens eussent affirmé quelque chose. Mais Philon, qui sçavoit bien que le dessein de la nouvelle Academie n'étoit pas different de celui de Platon, se mit en devoir de le faire connoître ; de sorte qu'il faloit dire, ou que Platon avoit renoncé à toute sorte de sciences, ou que les Academiciens n'y avoient pas renoncé ; & pour le prouver, il faloit soûtenir, comme fit cet Academicien, que quand il seroit vrai que l'on ne pourroit comprendre par les sens, les choses qui sont hors de nous, il ne faudroit pas pour cela desesperer d'en reconnoistre la verité. Ce n'est pas que

Cicéron, soit entierement du sentiment de Philon en cela ; car mesme il avoüe qu'il ne sçait comment cet Academicien pouvoit esperer de connoître la verité, ayant rejetté la comprehension des sens, κατάληψιν, mais cela n'empêche pas qu'il n'ait reconnu que Philon estoit du sentiment que nous disons. Voici ce qu'il lui attribuë. *Hanc Academiam*, sçavoir celle d'Arcesilas, *quæ mihi, vetus videtur* (il faut entendre comme s'il y avoit, *quæ Philoni*, car Cicéron parle en son nom) *Si quidem Platonem ex illa vetere numeramus, cujus in libris nihil affirmatur, & in utramque partem multa disseruntur, de omnibus quæritur, nihil certo dicitur, quæ usque ad Carneadem producta, qui quartus ab Arcesila fuit, in eadem Arcesilæ ratione permansit :* remarquez ces mots, *in eadem Arcesilæ ratione permansit.* Carneades avoit suivi Arcesilas & Arcesilas ne s'étoit point éloigné de Platon : donc Philon avoit raison de reduire la nouvelle Académie à l'Ancienne : *Carneades*, ajoûte Cicéron, *nullius Philosophiæ partis ignarus*, pour montrer que cet Academicien, nonobstant tous ses doutes ne laissoit pas de reconnoistre plusieurs veritez en plusieurs sortes de sciences.

Philon a eu pour Disciples Antiochus, Heraclite de Tyr, Varron, Cicéron, Brutus & plusieurs autres illustres, tant Grecs que Romains. *Eo tempore cum Princeps Academiæ Philo cum Atheniensium Optimatibus, Mitridetico bello, domo profugisset, Romamque venisset, totum ei me dedi.* C'est ainsi que Cicéron fait parler Brutus.

Pour ce qui est de Sextus Empericus, il ne dit que deux mots de cet Academicien, seulement pour le distinguer de ses sceptiques ; sçavoir qu'il pensoit que les choses exterieures sont incomprehensibles immediatement par les sens, & par la phantaisie, ou imagination ; & que neanmoins elles ne laissent pas d'être comprehensibles par leur nature, c'est à dire, que nous en pouvons connoistre la nature certainement par la raison & par l'entendement. *Philo autem ait, quantum ad stoïcum criterium, id est phantasiam comprehensivam ; res imcomprehensibiles esse ; quantum autem ad naturam rerum, comprehensibiles.* Au reste, Philon & Antiochus n'ont pas toûjours enseigné dans l'Academie, parce qu'ils ont demeuré assez longtems à Rome & en quelques autres Villes, & c'est pour cela probablement que Diogene de Laerce n'en a point parlé.

D'Heraclite de Tyr. Nous devons dire un mot d'Heraclite de Tyr. Ce Philosophe avoit étudié sous Clitomaque, & aprés sous Philon ; il suivit aussi Antiochus, si non comme Disciple, du moins comme amy, & comme engagé dans les mesmes études, & souvent il disputoit contre lui. Ciceron en parle ainsi : *Homo sane in ista Philosophia, quæ nunc propè dimissa renovatur, probatus & nobilis, cum quo & Antiochum sape disputantem audiebam, sed utrumque leviter :* en quoi il est à remarquer premierement que du temps de Ciceron, l'Academie estoit fort peu frequentée, *quæ nunc propè dimissa* ; En effet il n'y trouva plus qu'une solitude quand il alla visiter ce lieu avec ses amis, & non seulement le lieu avoit été abandonné : mais encore la doctrine en étoit presqu'entierement délaissée. Secondement, que Ciceron pretendoit renouveller cette manière de Philosopher ; *que nunc propè dimissa, renovatur.* Cependant cette décadence avoit été causée, pour ce qui regarde le lieu, par les guerres des Grecs, & pour les sentimens, elle estoit venuë de l'autorité que les Dogmatistes s'étoient donnée sur les esprits, qui n'avoient pas de ce tems la, assez d'addresse & d'experience pour développer les sophismes par lesquels ou les engageoit dans des prejugez : Nous regarderons cet Heraclite comme ayant eu les sentimens de Philon, & ayant disputé contre Antiochus, soit pour découvrir davantage la verité, soit pour conserver les vuës que Philon avoit prises dans l'Academie, & qu'Antiochus avoit dessein de changer.

CHAPITRE X.

d'Antiochus & de son Academie, qui est la cinquiéme.

CEt Academicien a eu le même dessein que Philon, mais il s'y est pris d'une autre maniere Philon avoit montré que les doutes des Academiciens se trouvoient dans Platon ; & Antiochus entreprit de faire voir que la science de Platon se rencontroit dans les Academiciens. L'un fit descendre Platon vers les Academiciens, & l'autre fit remonter les Academiciens vers Platon. Mais il est certain que l'un & l'autre ont pensé que les Academiciens avoient reconnu des veritez pour constantes : comme Antiochus le soûtenoit positivement, leur donnant toutes les connoissances de Platon : & Philon reduisant la nouvelle Academie à l'Ancienne, la faisoit entrer en participation de ses Dogmes, aussi bien que de ses doutes. D'ailleurs, il est certain que Platon avoit plusieurs Dogmes ; car non-seulement Plotin l'a assez témoigné aussi bien qu'Apulée, qui a écrit un livre, *de Dogmate Platonis*, mais encore Ciceron, & Sextus Empiricus n'en doutent point : & quoi qu'il n'ait rien affirmé dans ses Dialogues, il n'a pas laissé de le faire dans ses Lettres & dans les entretiens particuliers qu'il avoit avec ses Diciples. Antiochus donna donc à l'Academie un visage tout different de celui qu'elle avoit du tems d'Arcesilas & de Carneades. Elle n'avoit plus cet air mocqueur & satyrique qui paroissoit sur son front, lors que par la bouche de ces Academiciens, elle refutoit les prejugez & les illusions des Dogmatistes ; mais plus serieuse & plus grave, elle prononçoit des veritez constantes, ou si l'on veut, elle rendoit des Oracles, & découvroit des mistéres. Alors les plus belles maximes des Stoiciens ayant esté raportées dans l'Academie, on commença à la voir ornée de ses propres richesses, qu'elle n'avoit point encore étalées, & qu'elle tenoit secretement enfermées par son silence. Aussi Sextus Empiricus, nous dit qu'Antiochus fit paroistre dans l'Academie, les sentimens des Stoiciens, *Stoica in Academiam adduxit* : mais ces sentimens avoient esté tirez de la morale de Socrate de laquelle Zenon leur chef les avoit empruntez : de sorte que cet Academicien fit plûtot en cela une restitution qu'un nouvel aquest, & possedant ces tresors, il en augmenta le prix & le lustre, parce qu'il sçavoit les manier d'une façon plus adroite & leur donner un jour plus avantageux. En effet, il sçavoit reduire ces veritez à leurs principes, & en rejetter les sentimens douteux qui pouvoient diminuer leur éclat.

Cependant Ciceron s'étonnoit de ce qu'Antiochus aussi bien que Philon pensoient reconnoistre des veritez constantes, eux qui ne vouloient pas recevoir la comprehension des Stoïciens & refusoient entierement le jugement des sens : mais en cela Ciceron pensoit, avec les mesmes Stoïciens, qu'en rejettant cette *catalipsie* ou comprehension, il n'y avoit plus lieu d'esperer de découvrir aucune verité constante; & c'est pour cela qu'il disoit, parlant d'Antiochus : Quel est ce jour heureux qui lui a decouvert la marque de la verité que l'on avoit si long-tems ignorée, & que lui mesme avoit refusé de reconnoistre ? *Quis iste dies illuxerit, quaso, qui illi ostenderit eam, quam multis annis esse negavisset, veri & falsi notam* ? Mais Antiochus ne pensoit pas avoir découvert une chose nouvelle, non plus que Philon, seulement ils commençoient à la mettre en lumiere : & d'ailleurs Ciceron pouvoit bien esperer quelque découverte de la part d'Antiochus, qu'il jugeoit estre le plus habile Philosophe de son temps ; *politissimum & acutissimum, nostra ætatis Philosophorum.* Mais par une disposition d'esprit toute contraire, Antiochus d'autre part s'étonnoit de ce qu'on attribuoit à Philon d'avoir ignoré ce *criterium*. Et comme dit Ciceron, cêt homme tres doux de son naturel, que l'on n'avoit jamais veu en en colere, commença à s'emporter lors qu'on luy fit voir quelques Livres que l'on attribuoit à Philon & dans lesquels il estoit écrit que l'on devoit desesperer de trouver jamais cette marque si importante. *Homo natura lenissimus (nihil enim poterat fieri illo mitius) stomachari tamen cœpit : mirabar, neque enim unquam ante videram.* Mais il ne faut pas trouver mauvais qu'Antiochus fut irrité de ce que l'on attribuoit à Philon de certains Livres : car outre qu'il les croioit supposez ou corrompus, c'est qu'ils contenoient une chose que cet Academicien ne pouvoit supporter. Il implora pour lors le souvenir d'Heraclite qui avoit étudié sous Philon avec lui, & il luy demanda s'il avoit jamais entendu parler leur Maistre de cette maniere. Heraclite luy répondit, en soûtenant la negative, quoi que l'on reconnût dans ce Livre le stile de Philon; & il joignit son témoignage à la persuasion d'Antiochus : de sorte que ces Livres ayant esté rejettez, il en composa un qu'il nomma *Sosus*, pour les refuter, & pour montrer que nonobstant les doutes des Academiciens, on pouvoit esperer de trouver le *criterium* de la verité. Neanmoins Ciceron croioit toujours dans le fond de l'ame que ces Livres estoient entierement de Philon, & il le croioit par la raison que j'ay déja dite.

Voici donc en quoi l'Academie d'Antiochus a esté differente des autres Academies, c'est en ce qu'il s'est adonné a establir positivement des veritez, au lieu qu'Arcesilas n'avoit fait que combatre & détruire des préjugez, & que Carneades ne s'estoit apliqué qu'à donner des regles pour la conduite de la vie, en attendant la connoissance évidente de la verité : & Philon à montrer que nonobstant les doutes de l'Academie, on pouvoit se promettre d'arriver à la science de Platon, puis que Paton n'avoit pas moins douté que les Academiciens, que l'on a reconnus pour nouveaux. Nous regarderons donc Antiochus aussi bien que Philon comme des Philosophes qui avoient entrepris de reduire toutes les Academies à l'ancienne, *remigrand*, dit Ciceron, *è domo nova in veterem*. Au reste nous ne sçavons pas excepté le Livre dont je viens de parler, s'il en avoit écrit d'autres : & quand cela seroit, nous n'aurions que le sujet d'en déplorer la perte, car nous n'avons aucun reste des ouvrages de cet Academicien.

CHAPITRE XI.

De Varron, par raport aux Academiciens.

LE docte Varron merite bien que l'on dise un mot de lui, par raport à l'Academie dont il avoit étudié les sentimens sous Philon, sous Antiochus & sous Heraclite de Tyr. Cet illustre Romain ne negligeoit pas la Philosophie, luy qui d'ailleurs étoit fort imbu des belles Lettres sur tout pour la pureté de la Langue Grecque & de la Latine. Il ne nous reste plus de sa façon que quelques remarques de Grammaire, & quelque fragments de ce qu'il avoit écrit sur la Religion des Gentils, que l'on peut voir dans la cité de Dieu, de S. Augustin. On diroit qu'il eût esté long tems en balance sur le choix des Academies, ne se determinant ni pour l'ancienne ni pour la nouvelle ; mais toujours nous aprenons par le Livre que Ciceron luy a dedié, *des questions Academiques*, qu'il aimoit fort à entendre disputer Heraclite de Tyr contre Antiochus : & il y a de l'aparence qu'il preferoit l'Ancienne Academie à la nouvelle, ou à celle qui passoit vulgairement pour nouvelle. Voici ce que Ciceron luy fait dire sur ce sujet. *Si vero Academiam veterem persequamur, quam nos, ut scis, probamus, quam erit illa acutè explicanda nobis ! quam argutè ! quam obscurè etiam contra Stoicos differendum ! totum igitur illud Philosophiæ studium mihi ipse sumo, & ad vitæ consuetudinem, & ad constantiam quantum possum, & ad delectationem animi, nec ullum arbitror, ut apud Platonem est, majus aut melius à Dijs datum munus homini.* Je croi qu'il avoit écrit plusieurs choses touchant les Academiciens : car Ciceron le semble témoigner : mais il faut encore metre ces ouvrages au rang de ceux que nous avons perdu. Tout ce que je puis dire, c'est que Varron avoit l'esprit fort net & fort bon, & que les Academiciens auroient beaucoup profité par ses réflexions, si les guerres de Rome ne lui avoient donné des occupations qui le détournoient de ses études & luy fesoient dire : *diutius silent musæ Varronis.* Cependant nous le regarderons comme ayant eu les sentimens d'Antiochus & de Platon, & nous pouvons certainement le considerer comme un illustre Academicien.

CHAPITRE XII.

De Ciceron, sçavoir, si l'on doit le regarder comme Chef d'Academie.

POur faire un Chef d'Academie, il faut deux choses ; la premiere, *de tirer de nouvelles consequences des principes des Academiciens*, & la seconde, *de faire profession d'enseigner & d'avoir des Disciples.* Cela posé, j'ay lieu de douter si l'on doit regarder Ciceron comme Chef d'Academie, car quoy qu'il ait pretendu tirer quelques consequences des principes des Academiciens ; je puis dire neanmoins qu'elles n'en doivent point être tirées, & qu'il les a interpretées du moins en partie à la maniere des Stoiciens. Et pour ce qui est d'avoir eu des Disciples, je croirois facilement qu'il en a eu plusieurs, quoy que neanmoins il n'ait pas fait profession ouverte de tenir Ecole. On diroit à voir ses Tusculanes & ses autres Dialogues qu'il auroit eu effectivement des Disciples déclarez : mais il faut avoüer que c'étoient des personnages de Scene qu'il faisoit à son gré, & dans la bouche desquels il mettoit des discours qu'ils n'avoient jamais effectivement prononcez : de sorte que pour dire vray, on ne les doit regarder que comme des Disciples en peinture. Aussi c'est ce qu'il témoigne luy même écrivant à Varron & le priant d'aggréer qu'il luy fît dire ce qu'il n'avoit jamais dit. Neanmoins, il est certain que Ciceron avoit dessein de former une nouvelle Academie, dont il parle en ces termes: *Nobis nostra Academia magnam licentiam dat, ut quod cumque maxime probabile occurrat, id nostro jure liceat deffendere.* Pour donner carriere à son esprit & à ses belles pensées, il prenoit la liberté dans son Academie de soûtenir tout ce qui lui sembloit probable ; & parce qu'il sçavoit que les Academiciens n'auroient pas trouvé cela bon, il souhaitoit de faire quartier à part & de retenir, comme il dit luy mesme d'un autre, le nom d'Academicien sans en conserver la doctrine ; c'est pour cela qu'il dit encore assez naivement. Prions l'Academie de Carneades de nous laisser affirmer tout ce qu'il nous plaira : car si une fois elle se met à combatre ce que nous établissons, elle renversera tout : *Nam si invaserit in hæc quæ satis sise nobis instructa & composita videntur, magnas edet ruinas :* Je souhaite de l'appaiser, ajoute-il, mais je n'ose pas la rejetter entierement : *Quam quidem ego placare cupio, submovere non audeo.* Il avoit bien raison de craindre que son dessein ne fût point aprouvé par les Academiciens, parce que ces Philosophes faisoient profession de ne se rendre qu'aux veritez évidentes & de ne point se conduire par de simples probabilitez, & c'est ce qu'il n'ignoroit pas, comme il le témoigne en plusieurs endroits, & lors qu'il parle en ces termes: *Principium Philosophiæ esse scien-*

l'Histoire des Academiciens. 63
tiam, prudenterque Academicos à rebus incertis assensionem cohibuisse. Avec tout cela cette liberté de soûtenir & de deffendre de simples probabilitez, ouvroit un grand champ à son éloquence, & luy permettoit de persuader tout ce qu'il auroit voulu. Aussi il témoigne que cela accommoderoit fort la Rethorique, qui feroit un commerce avantageux avec l'Academie, si elle pouvoit tirer d'elle ce consentement, *cum hoc genere Philosophiæ quod nos sequimur*, dit-il, parlant de sa nouvelle Academie, *magnam habet Orator societatem: subtilitatem enim ab Academia mutuatur, & illi vicissim reddit ubertatem*. Mais les Academiciens de Platon, ni la plûpart des autres Philosophes ne consentiront jamais que l'on reçoive de simples probabilitez en matiere de science; & en cela Ciceron commence à aller le train des Dogmatistes, non seulement il ne parle pas en Chef d'Academie, mais mesme, en simple Academicien : de sorte que son Academie ne sçauroit estre au plus qu'une Academie de Rethorique & non pas de Philosophie. Mais peut-estre qu'il ne pretendoit pas avoir de la science par le moien de ses probabilitez, je le veux, mais il faut qu'il reconnoisse aussi, qu'en matiere de Philosophie, on ne cherche que de la science ; & lors que l'on ne fait point estat d'en avoir, on cesse d'agir en Philosophe : & c'est aussi ce qu'il reconnoit luy-mesme, *principium Philosophiæ esse scientiam, prudenterque Academicos à rebus incertis assensionem cohibuisse.* Quelle est donc cette Academie, où l'on ne suit point les Loix essentielles ? & que peut-

on gagner par de simples vray-semblances ou probabilitez, si non des pensées douteuses qui auront aujourd'hui une grande apparence de verité & qui demain paroistront tres-fausses ? Mais combien Ciceron estoit-il persuadé du peu de poids de toutes ces apparences incertaines ! voyons comme il en parle. *Quod est igitur istud vestrum probabile ? nam si quod cuique occurrit & primo quasi aspectu probabile videtur, id confirmetur : quid eo levius? sin excircumspectione aliqua & accurata consideratione, quod visum sit id se dicant sequi; tamen exitum non habebunt :* parce qu'enfin ajoute-il, quand on auroit fait toutes les reflexions que l'on est capables de faire, on ne pourroit pas encore estre assuré de ne point se tromper, *ut cum omnia fecerit, diligenterque circonspexerit, existat aliquid, quod & verisimile videatur, & absit longissime à vero.*

Mais Ciceron pensoit que les Academiciens avoient desesperé de trouver le *criterium* ou la marque certaine de la verité. Je veux qu'il ait eu ce sentiment des Academiciens ; il ne s'ensuivroit pas neanmoins qu'ils eussent accordé que l'on pût se conduire par de simples vray-semblances en matiere de science. Car on ne doute pas qu'ils n'aient demandé la suspension du jugement. Cependant il n'est pas vray que les Academiciens aient desesperé de reconnoistre des veritez certaines; & c'est ce que nous avons assez montré & ce que nous reconnoistrons encore plus évidemment dans la suite.

On dira peut-estre que Ciceron, par quelque sorte de modestie, appelloit seulement probable, ce qui pouvoit paſſer pour certain. Mais premierement il ne faut pas que l'on parle d'une maniere contraire à la verité par quelque modeſtie ou humilité que ce ſoit, & quoi qu'il y ait plus de mal à prendre pour certain ce qui n'eſt que douteux, qu'à prendre pour douteux, ce qui eſt certain, il y en a toujours aſſez à ne point diſcerner les choſes que l'on ſçait, de celles que l'on ne ſçait pas. En ſecond lieu, autre choſe eſt de ſe tromper dans ce diſcernement par quelque ſorte de mépriſe & comme par accident ; & autre choſe auſſi, de faire profeſſion de ſe conduire d'une maniere que l'on doit rejetter : & Ciceron veut qu'il lui ſoit permis d'affirmer ſur ce qui ne ſera que vrai-ſemblable : *Nobis noſtra Academia magnam licentiam dat ut quodcumque maxime probabile occurrat, id noſtro jure liceat deffendere.* Voila donc une licence extraordinaire Et en un mot, ou l'on doit regarder l'Academie de Ciceron comme differente de celle des Academiciens qui l'ont precedé, ou non: Si elle en eſt differente, pourquoi vouloir la reduire aux loix des autres Academies ? & ſi elle n'en eſt pas differente, pourquoi la regarde-t-il comme nouvelle ?

Platon a propoſez des vrai-ſemblances & de ſimples probabilitez, je l'avouë, mais il les a propoſées comme de ſimples conjectures & ſeulement pour faire voir ſi l'on pourroit en demontrer la fauſſeté, les croiant ſeulement douteuſes & les donnant pour telles. Mais lorſque Ciceron nous donne des penſées qu'il croit eſtre vraies certainement, pour des pensées douteuses, ou qu'il nous porte à recevoir pour douteux ce qu'il pense estre certain, n'est-ce pas obscurcir la verité, sous les apparences du mensonge ; & nous jettant dans une confusion d'esprit, nous acoutumer à nous tromper, & à nous laisser conduire par l'éclat des paroles : mais comme disoit Platon, cette conduite est fort dangereuse, *periculosum est sapientem, seque, suaque, nominibus credere.*

Il seroit à souhaiter que nous eussions tout ce que ce grand Orateur Romain a écrit touchant les questions Academiques ; mais on sçait assez que nous en avons perdu une bonne partie, & que le Livre dedié à Varron sur ce sujet, n'est pas mesme achevé. Cependant ce sont des pertes que l'on a déja déplorées depuis longtemps. Avec tout cela, si l'on examine, dans les ouvrages qui nous restent de lui, tout ce qu'il dit des Academiciens, on verra qu'il y a quelque sujet de douter s'il a pensé que les Academiciens avoient desesperé de trouver des connoissances certaines. Et l'on ne doit pas beaucoup s'étonner de ce qu'il n'a point parlé plus decisivement de leurs sentimens, car en supposant, comme ils faisoient, qu'il estoit impossible de comprendre les choses qui sont hors de nous, non seulement par les sens, mais mesme par l'entendement, il n'y a personnes qui puisse deviner en quoi consiste leur *criterium*, ni bien penetrer leurs sentimens, sans avoir épuisé toutes les reflexions qu'il faut faire touchant la nature des idées, & c'est ce que, ni cet Auteur, ni

l'Histoire des Academiciens.

les Stoiciens, ni plusieurs autres Philosophes, n'avoient point encore fait. Au reste, quand il seroit vray que les Academiciens auroient pensé que l'on ne pourroit rien connoistre de certain, Ciceron les auroit disculpez suivant cette hypothese : car il les a fort bien deffendus des plus grandes objections, que le commun des Philosophes avoient coutume de faire contre eux en matiere de morale.

CHAPITRE XIII.

De S. Augustin par raport aux Academiciens.

JE me suis assez expliqué sur les sentimens que ce Pere a eu des Academiciens dans mon Apologie, & seulement je remarqueray icy qu'il pouroit estre plûtost consideré comme Chef d'Academie que Ciceron : car 1. de mesme que ces Philosophes, il rejettoit le jugement des sens, 2. il vouloit aussi, comme eux, que l'on pût découvrir des veritez intellectuelles : de sorte que si l'on y prend garde, on verra qu'il combat dans ses Livres des Academiciens, les faux sentimens que le vulgaire avoit coutûme de leur attribuer, & qu'il le fait par les vrais sentimens qu'ils avoient. On pourroit donc regarder ce Pere non seulement comme simple Academicien, pour ce qui concerne la Philosophie : mais mesme comme Chef d'Academie : car il avoit entrepris de reduire les sentimens des Academiciens au Christianisme. Et si nous avons donné cette qualité à Antiochus pour avoir reduit la Doctrine des Academiciens à celle de Platon, nous pouvons bien la donner à S. Augustin pour avoir reduit celle de Platon à celle de la sagesse éternelle, qui s'est découverte aux hommes par le ministere des Patriarches & des Prophetes dont on croit que ce premier Academicien avoit tiré ses sentimens. De plus on peut remarquer que S. Augustin faisoit estat de suivre toutes les loix des Academiciens, comme j'ay assez montré dans mon Apologie, & sur tout la premiere qui est le principe de toutes les autres.

Lib. 2. De Academicis. *Nolite putare*, dit-il, aussi positivement que jamais aucun Academicien l'ait dit, *vos veritatem in Philosophia invenisse, nisi ita didiceritis saltem, ut nostis unum, duo tria collecta in summa, fieri decem*: Ajoutons qu'il a eu des Disciples & qu'il a fait profession d'enseigner la Rethorique & la Philosophie, jusques-là que sa Logique estoit celle que l'on interpretoit publiquement dans les Ecoles Chrestiennes avant que l'on eut commencé d'y enseigner celle d'Aristote.

Chapitre XIV.

De Mr Descartes, sçavoir si l'on doit le regarder comme Academicien.

CE Philosophe a refusé le jugement des sens comme les Academiciens, & il est en cela d'accord avec eux, c'est ce que l'on peut voir dans sa premiere meditation de Metaphisique. De plus il s'est proposé de suivre la methode des Academiciens, car celle qu'il vouloit suivre est veritablement la leur; comme j'ay fait voir dans mon Apologie : en effet il vouloit, comme eux, que l'on commençât par rectifier & éclaircir les premieres idées, & se conduire aprés cela par demonstration, en matiere de science, en philosophant par meditations & à la maniere de Platon. Et quoi qu'il semble demander que l'on se contente de simples vray-semblances pour la Phisique, comparant sa maniere de philosopher sur les phœnomenes de la Nature à un déchiffrement, il n'auroit point pour cela abbandonné l'Academie : car les Academiciens souffroient que l'on proposast des hypotheses & des conjectures, pourvû qu'on ne les fist point passer pour des connoissances certaines, mais seulement pour des essais. Et je pense qu'il n'a pas donné ses conjectures de Physique, comme quelque chose de demonstratif : au moins je sçai que M. Rohault n'a point ainsi regardé la sienne, quelque apparence de solidité qu'elle ait. Quoi qu'il en soit, quand ils se seroient trompez prenant pour demonstratif ce qui n'étoit que vray-semblable, ils se seroient trompez seulement par accident, leur dessein estant de ne se conduire que par demonstrations. Il est pourtant vray que M. Descartes a parlé en quelques endroits des Academiciens suivant les sentimens vulgaires, mais cela n'empesche pas qu'il n'ait esté Academicien en effet, quoi qu'il ne l'ait point esté de nom, & qu'il n'ait pas entierement observé leurs regles qu'il s'étoit proposé de suivre. Je pourrois dire à peu prés la mesme chose de plusieurs autres illustres Philosophes de nos jours : car il suffit de vouloir suivre les loix que les Academiciens fesoient profession de suivre, pour pouvoir estre censé Academicien.

CHAPITRE XV.

De quelques Auteurs qui ont parlé des Academiciens suivant les sentimens vulgaires.

AUlus Gellius semble comparer les Academiciens à des Jardiniers, qui au lieu de couper seulement les branches inutiles des Arbres & de deraciner les mauvaises herbes, auroient tout coupé & tout arraché. Ainsi les Academiciens, suivant cet Auteur, voulant extirper les erreurs & les prejugez, auroient détruit toutes sortes de sciences. Mais outre qu'il n'est pas vray que les Academiciens aient tout retranché, comme disoient les Dogmatistes, c'est qu'ils donnoient aux probabilitez & aux vray-semblances leur usage raisonnable, comme nous reconnoistrons encore dans la suite.

Arrian commentateur d'Epictete, se donne la liberté de railler les Academiciens, sur ce qu'ils refusoient le jugement des sens, & il dit, que s'il eût esté valet d'un Academicien, il auroit apporté un pot d'urine pour un pot de ptisanne, & qu'il auroit fait mille autres tours, pour apprendre à son maistre à respecter le jugement des sens ; mais on voit assez que cet Auteur n'entendoit pas trop bien les sentimens des Academiciens ; & il se comporte à leur égard, comme celuy qui pour prouver aux Sceptiques que le feu est chaud en lui mesme, auroit voulu les en approcher de bien prez, & en cas qu'ils l'eussent encore mé, les jetter dedans. En verité voila des raisonnemens de la derniere foiblesse, car les Academiciens aussi bien que les Sceptiques ne nioient pas que le feu ne fût capable de les eschauffer, mais seulement ils doutoient de sa nature, & ils disoient ne sçavoir pas si la vertu que le feu avoit d'echauffer estoit semblable à la sensation de chaleur qu'il excite en nous. La mesme chose se peut dire de tous les autres objets sensibles. Cependant je suis fâché de ce qu'Arrian s'est ainsi enferré en attaquant les Academiciens, lui qui d'autre part a dit de fort bonnes choses, que son maistre Epictete avoit tirées de Socrate & mesmes de nos Philosophes.

Pique Seigneur de la Mirande ou de la Mirandole, a cru faire beaucoup d'honneur aux Academiciens, en montrant qu'ils s'accordoient mieux avec la Religion Chrétienne que les autres Philosophes, en ce qu'il pretendoit que les Academiciens avoient soûtenu qu'il étoit impossible de reconnoître par les lumieres de la raison aucunes veritez constantes ; mais je pense que les Academiciens n'auroient pas accepté cet honneur à pareil titre, car ils ne nioient pas, que l'on ne pût reconnoistre des veritez constantes : & cela posé, ils s'accordoient encore mieux avec le Christianisme, que de la maniere que Pique le pretend. C'est ce que l'on peut reconnoistre dans S. Augustin qui les reduit au sentiment de Platon & les approche ainsi du Christianisme par une voie toute contraire à celle de Pique de la Mirande : jusques-là que le mesme S. Augustin a écrit trois

Livres contre les sentimens que cet Auteur attribue aux Academiciens.

Enfin si l'on trouve, dans quelques Auteurs que ce soit, quelques choses contre les Academiciens ; il faut s'assurer qu'en ces endroits l'on suppose qu'ils ayent esté tels que les Dogmatistes les depeignoient, & qu'en cela on les interprete suivant le sentiment du vulgaire : car à prés tout il y a peu de personnes qui se mettent en peine de les deffendre, & qui tâchent de sçavoir quand on leur fait justice. Mais je laisse à penser s'il y a quelque chose à dire raisonnablemét contre des Philosophes, qui ne veulent point econnoistre de science sans demonstrations, & qui faisant profession de chercher la verité, ne cessent point de le faire, jusqu'à ce qu'ils l'ayent trouvée évidemment, se conduisant par les loix Divines & humaines, & non pas par leur porpre sens : parce qu'ils ne pensent pas devoir s'appuyer sur des raisonnemens douteux.

Voila ce que j'ay cru devoir dire touchant les faits Historiques de nos Academiciens. En quoy nous voions qu'ils ont tous suivi la maniere de philosopher de Platon, duquel les écrits sont venus jusqu'à nous en meilleur ordre & plus entiers que ceux de tous les autres Anciens.

Fin du premier livre.

À Paris, de l'Imprimerie d'Antoine Lambin, 1690. Avec privilege du Roy.

Pag. 12. titre, lisez *Academies*. p. 13. lig. 16. lisez, comme disoient leurs. P. 33. lig. 55. lisez, en elles de fixe.

DISSERTATIONS
SUR LA
RECHERCHE DE LA VERITÉ
OU SUR
LA PHILOSOPHIE
DES
ACADEMICIENS.
LIVRE SECOND.
DES PRINCIPES.

CHAPITRE PREMIER.
De l'Examen des premiers Principes.

OUS avons vû que le deſſein des Academiciens eſtoit de rappeller les Philoſophes aux premiers Principes, en les portant à faire les reflections neceſſaires pour acquerir des connoiſſances certaines ; & nous allons reconnoiſtre quels ſont ces Principes.

D

C'est une chose qui doit passer pour incontestable qu'il est extrêmement important de se bien conduire dans les premiers pas que l'on fait pour avancer vers la verité : car si l'on se détourne tant soit peu du bon chemin, on s'engage de plus en plus dans l'erreur. *Levis error in Principio iis qui à veritate deflectunt, si longè processerint, infinitus evadit.*

Et ce n'est pas seulement en prenant de faux principes, que l'on tombe dans la fâcheuse necessité de retourner sur ses pas ; c'est encore lors que l'on en prend qui ne sont point assez évidens, ni assez incontestables.

Aussi les Academiciens ne sçauroient s'égarer en suivant leur Methode ; car où ils marchent, comme les Geometres sous la conduite des veritez évidentes ; où ils demeurent sans se déterminer : & se tenant à l'abri des tempestes que les opinions excitent dans les Esprits, ils attendent que le jour de la verité les éclaire.

Non circumferuntur omni vento doctrinæ.

Cependant je suis d'autant plus obligé de faire icy ces reflections que la pluspart des Philosophes s'en sont dispensez trop facilement. En effet ils ont laissé en arriere la plus grande question qu'il falloit agiter, sçavoir, comment nous pouvons juger par nos idées, de la nature des choses, qui sont hors de nous. De sorte qu'ils ont supposé qu'ils avoient le *criterium* que les Academiciens cherchoient encore.

Mais de toutes les fautes que les Philosophes peuvent faire la plus lourde est de supposer ce qui est en question ou de tomber dans une petition de principe. Car l'on peut quelquefois douter si les autres fautes sont supportables ; mais celle-cy est si grossiere, & ses mauvais effets sont si visibles, qu'il n'y a personne qui ne la condamne entierement & qui ne fasse profession de l'éviter. Neanmoins on ne laisse pas d'y tomber ; & nous voyons que M. Descartes, luy qui estoit assez éclairé d'ailleurs, ne s'en est pas éloigné autant qu'il auroit pu : & mesmes il semble qu'il l'ait fait à dessein; car il dit qu'il ne répondoit pas des faussetez *materielles*, mais seulement des *formelles*, se contentant de ne rien comprendre de plus en ses jugemens que ce qui est enfermé dans ses idées, ou premieres conceptions. Mais ce sont ces faussetez *materielles* qui sont les plus à craindre. *Dans sa Metaphysiq. & dans ses Lettres.*

Cependant ce Philosophe & plusieurs autres avoient quelque interest de fermer ainsi les yeux pour ne pas voir l'importance qu'il y avoit à resoudre ces grandes questions ; autrement ils n'auroient pas pû donner cours à leurs raisonnemens. Cela se voit encore plus evidemment dans M. Rohault, puisqu'il avouë sincerement qu'il n'est pas necessaire que les choses exterieures soient en elles-mêmes telles que nos idées nous les representent. *Remarquons*, dit-il dans la premiere Partie de sa Physique chapitre 4. nombre 4. *remarquons que je ne dis pas simplement que* la substance est un estre, qui subsiste par soy, ce que je fais expressement pour reduire nos definitions à l'usage. Car quoy que je sçache fort bien que nos conceptions ou nos imaginations, n'imposent aucune necessité aux choses, il est certain neanmoins qu'elles imposent une necessité aux jugemens que nous en devons faire, dautant que nous en avons les idées, & que nous devons juger comme nous pensons : à quoy il ajoûte à la marge, qu'il faut juger des choses selon les idées que l'on en a. Cela est tres-vray, nous ne pouvons juger des choses que suivant nos idées ; mais si nos idées sont fausses, ou douteuses, nous ne devons point entreprendre d'en juger.

Il faut donc sçavoir auparavant, si nos idées representent les choses telles qu'elles sont en elles-mesmes, ou si elles representent seulement les passions ou perceptions que ces estres produisent en nous. Voila une question qu'il faut resoudre, avant que d'aller plus loin ; & c'est de là que procede le grand préjugé des Cartesiens. On voit aussi que les plus celebres d'entr'eux ne font point de difficulté d'avoüer qu'ils fondent toutes leurs connoissances sur les idées que nous avons naturellement des choses qui sont hors de nous. Mais, outre que j'ay déja assez refuté ce faux principe ; c'est que l'on ne doit pas dire, comme font ces Philosophes, que si nos idées ne nous representoient les choses telles qu'elles sont en elles-mêmes, on auroit sujet de se plaine

Voyés la Réponse à l'Auteur de la Réch. art. 12.

dre de l'Auteur de la nature. Car si les hommes se trompent en cela, ils n'en doivent accuser que leur presomption, & non pas la volonté de Dieu ; puisque Dieu n'a point ordonné aux hommes de juger par leurs idées de la nature des choses qui sont hors de leurs esprits. Et quoy que les Sceptiques, & les Academiciens sçachent bien qu'ils ne sçauroient juger des choses exterieures que par leurs idées, ils ne laissent pas neanmoins de reconnoistre qu'ils n'ont pas droit d'en juger s'ils ne sont assurez que leurs idées les representent telles qu'elles sont.

Avec tout cela, ils ne desesperent pas de connoître ces choses ; parce qu'ils conçoivent bien que si leurs idées naturelles ne les representent pas telles qu'elles sont, il n'est pas impossible que par le moyen de leur Philosophie, ils acquierent des idées artificielles par lesquelles ils pourront les representer. Car le travail du Philosophe consiste à bien distinguer ce qu'il y a dans nos idées, qui vivent de l'objet de ce qu'elles renferment qui doit être rapporté à nôtre ame & à la nature de ses façons-d'estre.

Il ne faut donc pas nous précipiter ainsi en jugeant sur nos premieres idées ; & nous devons imiter des gens sages & prudens qui auroient à marcher en des lieux marécageux. Ils commenceroient à tenter avec le pied afin de trouver des endroits solides & capables de les supporter. Ils se contenteroient d'avancer pas à pas

& ne se hazarderoient point à enfoncer en des endroits d'où ils ne pourroient se retirer. C'est ainsi que l'on voit nos Philosophes aller pied à pied, de veritez en veritez, & de connoissances certaines en connoissances certaines. Au lieu que les autres se jettent à corps perdu, & s'enfoncent dans la bouë de leurs préjugez, sans attendre que la raison affermisse leurs pas & leur fasse trouver de la solidité, où ils ne rencontrent que de la foiblesse & de l'incertitude.

Je veux que l'étenduë des premiers Principes & la speculation des notions generales nous montrent des objets si vastes & si peu proportionnez à la maniere ordinaire de penser qu'il est à craindre que cette vûë n'épuise l'esprit inutilement. Mais il faut sçavoir se conduire en cela avec discernement & moderation, en examinant les difficultez les unes aprés les autres, & les divisant en plusieurs *parcelles*, afin de les considerer par ordre, autrement on émousse la pointe de l'entendement, & l'on se rend incapable de penetrer autant qu'il seroit necessaire.

<small>M. Descartes dans sa Methode.</small>

Mais quoy ! dira-quelqu'un ? Faut-il demeurer sans rien decider, & quelle satisfaction y a-t'il à suspendre son jugement?... N'importe, on le doit. J'avouë qu'il y a du plaisir à décider : mais il faut que l'on décide veritablement ; & les décisions precipitées ne sont pas de veritables décisions.

Le moyen de bien décider est de ne le

point faire quand on ne le doit pas. Au lieu que si l'on se remplit l'esprit de fausses décisions, on ne gagne que des termes & des propositions qui ne servent qu'à charger la memoire & qui n'éclaircissent point l'entendement. Quelques grands Systêmes que l'on forme en suite & quelqu'apparence de solidité que l'on y trouve, on ne rencontre enfin qu'un composé de pensées douteuses ; & ces grands corps que l'on éleve ainsi sur des bazes si fragiles, se ruinent d'eux-mesmes, & venant à tomber, leur propre poids ne sert qu'à les réduire en poussiere. Il est vray que ces Systêmes chimeriques éblouïssent pour quelque temps le commun des Philosophes. Mais tost ou tard l'on reconnoit que ce ne sont que de vains phantômes, qui se détruisent tout d'un coup, & qui ne laissent aprés eux que le déplaisir d'avoir esté trompé & de s'être fatigué par des travaux inutiles. Il n'est pas tems de bâtir, il faut encore creuser pour appuyer des fondemens ; & nous sommes encore aujourd'huy dans la même ignorance où l'on étoit du temps des Academiciens.

Cependant quoy que l'on ne décide point de la part des objets que l'on a en vûë, on ne laisse pas neanmoins de décider de la part de l'esprit. Car on éprouve sa situation & ce n'est pas peu que de reconnoistre l'ignorance, qui nous empêche de profiter ; & de pouvoir dire du moins en soy-même, je sçais que je ne sçais point cela *verum est me nescire hoc.* Car par là on apprend ce qui reste à chercher, & de quel costé il faut se tourner pour recevoir les lumieres que l'on demande.

Mais la pluspart de ceux qui entreprennent de philosopher étant déja prévenus de quelques Systêmes apprehendent de se commettre à l'examen des premiers Principes, de peur qu'on ne les conduise par des routes qui leur sont inconnuës, & qu'on leur découvre en même tems leur illusion. Quand on leur ouvre les yeux, on les chagrine ; & l'on ne sçauroit leur arracher leurs préjugez sans leur faire une extrême violence. Mais il faut qu'ils sçachent que le plus court pour eux est de s'appliquer au plûtost à l'étude des premiers principes.

Non seulement on ne peut rien établir de solide sans avoir bien examiné les premiers principes, mais sans cela mêmes on ne sçauroit bien refuter aucun sentimens. C'est pour cette raison que les Cartesiens ne sçauroient entierement bien refuter les Peripateticiens, ni les Peripateticiens entierement bien refuter les Cartesiens. Car comme ils sont engagez de part & d'autre en des préjugez communs, ils pourroient se fermer la bouche & se convaincre *ad hominem*, sans avoir pour cela découvert la fausseté de ce qu'ils entreprennent de combattre encore moins la verité qu'ils voudroient établir.

Pour ce qui est de sçavoir ce que nous

entendons par les premiers principes, il faut remarquer que ce sont les premieres veritez sur lesquelles nous devons nous fonder pour en déduire toutes les autres que nous recevrons ensuite.

Et quoy qu'il n'y ait point de verité qui ne puisse estre appellée principe, il y en a neanmoins que l'on ne doit point recevoir sans en avoir établi plusieurs autres de qui elles dépendent. Or il faut que ces premieres veritez soient incontestables, & qu'on ne les puisse revoquer en doute. Cependant on doit remarquer qu'il ne s'agit pas encore icy des principes du monde qui sont l'objet de la Physique ; mais des principes de connoissance que quelques-uns prennent pour les principes Metaphysiques. C'est pour cette raison aussi que je les appelle principe de la Philosophie des Academiciens : ce qui ne signifie autre chose, sinon que ce sont les premieres veritez, sur lesquelles ces Philosophes se fondent pour philosopher à leur maniere.

On ne doit point ignorer non plus la difference qu'il y a entre un préjugé & une erreur. Le Préjugé se peut accorder avec la verité, mais l'Erreur ne le peut. Le Prejugé n'est autre chose qu'un jugement trop prompt, soit qu'il soit vray, soit qu'il soit faux ; car quand il seroit vray, comme il ne le seroit que par hazard, & que d'ailleurs, il enfermeroit toûjours de l'obscurité, il faudroit encore le rejetter, si l'on veut aller à la verité évidente. Au lieu que l'Erreur est toûjours accompagnée de fausseté. Former un jugement avant que d'avoir assez examiné le sujet dont on entreprend de juger, c'est entrer dans un préjugé, & juger qu'une chose est vraye, lorsqu'elle est fausse, c'est tomber dans l'erreur. Tout Préjugé est contraire à la parfaite évidence & toute Erreur est contraire à la pure verité.

Mais quand les Préjugez & les Erreurs se joignent ensemble, il s'en forme un nuage tenebreux qui obscurcit la raison & l'éteint presqu'entierement. On peut dire que le Préjugé ressemble à ces feux folets qui voltigent en l'air, & se vont enfin perdre en des precipices où ils conduisent ceux qui sont assez imprudens pour les suivre. Mais l'Erreur ressemble à une nuit obscure, dont les profondes tenebres sont entierement impenetrables aux rayons de la verité ; ou si l'on veut, à ces phantômes nocturnes qui nous font voir les choses tout autrement qu'elles ne sont.

Nous devons donc éviter & l'Erreur & les Préjugez. Ce que nous ferons si nous observons bien les regles des Academiciens, sur tout en ce qui concerne les premiers Principes. Mais parce que l'on neglige ordinairement de faire toutes les reflexions que l'on doit sur ce sujet, à cause que l'on méprise les veritez évidentes & generalement reconnuës ; il est bon de montrer combien ce mépris est injuste & préjudiciable.

CHAPITRE II.

De l'estime que l'on doit faire des veritez évidentes.

IL arrive ordinairement que les veritez évidentes ne semblent pas fort considerables, & cela procede de ce que les hommes pour la plufpart se conduisent par des idées sensibles. Ainsi parce que ces veritez ne leur frappent point assez fortement l'imagination, & qu'ils les conçoivent sans peine, ils n'en font pas beaucoup d'estime, comme s'il en falloit juger par la difficulté qu'il y a à les concevoir.

On diroit que ces veritez tombent dans leur esprit comme dans un abîme, où elles se perdent; mais neanmoins en de certains tems, elles se réveillent, & commençant à renaistre, ils en reconnoissent mieux l'étenduë & l'utilité. Mais s'ils y faisoient reflection, bien loin de les negliger, ils ne se lasseroient point de les contempler : & les regardant comme si elles estoient vivantes ils les feroient regner dans leurs esprits ; parce qu'elles sont seules capables de bien conduire leurs pensées.

Quelquefois on s'estonne de ce qu'un Philosophe parle comme s'il estoit inspiré par quelque Genie, & ce sont ces veritez qui rendent des oracles dans le fond de son esprit, lorsqu'il les consulte loin du bruit des objets exterieurs. En effet quand nous les consultons, elles nous répondent & les conclusions qu'elles renferment, sont autant de lumieres qui viennent éclairer le theatre de nostre entendement, & qui nous découvrent des beautez éloignées, qui sans cela, nous seroient inconnuës.

Ces veritez ont encore le pouvoir de rendre nos esprits plus tranquiles & moins agitez par les troubles de l'ignorance ou par les transports de l'admiration. Il faut donc s'accoûtumer à les contempler afin de les penetrer toûjours de mieux en mieux en les regardant comme des sources de lumieres ou comme des tresors dont les richesses sont inépuisables. Nous voyons aussi que les plus grands Philosophes se sont contentez de bien approfondir quelques veritez generales. Socrate n'avoit pas la memoire chargée de quantité de problêmes, luy qui disoit, qu'il ne sçavoit qu'une chose; qui estoit, qu'il ne sçavoit rien. Epicure ayant rejetté toutes les Disciplines & toutes les Sciences excepté la Morale, n'avoit que quelques maximes qu'il ne se lassoit point de penetrer, & dans lesquelles, comme dans des sources vives, il alloit puiser ses sentimens. Nous pouvons dire la même chose d'Epictete & de plusieurs autres. Et que l'on ne s'étonne pas de ce que ces hommes habiles ont trouvé tant de satisfaction à se remplir de cette sorte d'études. Car ce sont les veritez generales qui introduisent les autres dans nos esprits

de la Philosophie des Academiciens. 85
& qui les mettent au jour. Au lieu que
les veritez particulieres ne sont pas si fe-
condes, quelque rares & curieuses qu'elles soient, ni elles ne nous font pas goû-
ter tant de fruits, parce qu'elles sont bor-
nées & ne regardent que de certaines connoissances, dont on pourroit se passer,
mais on ne le peut des veritez generales,
on ne le peut des premiers Principes.

Un fameux Mathematicien de nos jours
démontrant une proposition de Géometrie, disoit à ses Ecoliers, que ce Theo-
reme est beau s'il renferme une infinité de
consequences, pour moy je vous avoüe
que j'y trouve quelque chose de divin.
Je vous pardonne neanmoins, si vous n'en
faites pas le mesme jugement, parce que
vous n'en voyez point encore toutes les
consequences. C'est ainsi que cet habile
homme témoignoit qu'il n'ignoroit pas le
prix des connoissances évidentes. Il faut
que nous en apportions icy quelques unes
pour nous servir d'exemple.

On conçoit facilement que si deux
Triangles ont deux costez égaux à deux
costez, & un Angle égal à un Angle, ils
seront égaux entr'eux, & bien des gens
mépriseroient cette verité comme si elle
estoit de nulle importance. Cependant
c'est par ce moyen que l'on a trouvé l'Art
de mesurer les lieux inaccessibles, de juger de la grandeur des Astres, & reconnoistre leur distance de la terre. C'est par
là que l'on a trouvé la science de predire
les Eclipses, & de jetter les yeux sur les

tems à venir pour y découvrir les changemens qui doivent arriver dans les corps celestes, & les plus admirables Phenoménes de l'Univers. Que d'avantages cette verité ne donne-elle pas tous les jours sur la terre, puisqu'elle sert à mesurer les possessions & les heritages afin d'accorder les hommes entr'eux ? Ne sert-elle point encore pour les conduire sur la mer & leur tracer des routes que l'Esprit seul est capable d'appercevoir ? Je pourrois apporter une infinité d'exemples de cette nature, mais celuy-là suffit, & il seroit trop long de parler des utilitez que la connoissance de quelques petits mouvemens nous apportent tous les jours, tant du costé de la Statique, & de l'Equilibre des Liqueurs, que du costé de l'Architecture, de la Medecine, de la Physique, & de plusieurs autres sciences, dont la pluspart des veritez sont si évidentes, que les enfans & les gens sans lettres, les comprennent facilement, & les regardent le plus souvent comme inutiles.

Qu'est-ce que l'on gagne avec les Academiciens, disoit un Dogmatiste, puisqu'ils ne donnent que des veritez évidentes que l'on conçoit sans peine ?... Mais pour répondre à cela, il n'y a qu'à repeter ce que nous venons de dire. Ce n'est pas le tout que de concevoir simplement une verité, il faut encore la penetrer & l'approfondir. Or c'est ce qui ne se fait pas du premier coup, & il faut mediter pour cela. Il en est de même ge-

de la Philosophie des Academiciens. 87
neralement que des veritez de Geometrie; il n'y a point d'homme qui ne soit capable de les concevoir ; & cependant il est certain qu'il n'y a que les Geometres qui les sçachent penetrer, & qui les comprennent, comme on doit, pour avoir de la science. Lorsque j'estois encore dans l'adolescence, je concevois plusieurs veritez de Morale que je conçois aussi presentement ; mais il y a bien de la difference entre la maniere dont je les concevois, & celle dont je les conçois à cet heure. Je les penetre bien mieux, & j'en ay une idée bien plus étenduë & bien plus riche. Je les concevois superficiellement, & je pouvois dire seulement que ma raison ne leur resistoit pas, mais presentement elle les penetre, & je les trouve encore si profondes, que je ne sçaurois les sonder entierement. Je veux qu'un jeune homme & un vieillard conçoivent une même verité, neanmoins ils la concevront à differens titres, & la conception d'une personne experimentée sera bien plus feconde que celle d'un homme qui n'a que les simples lumieres du sens commun. Que l'on ne pense donc pas que l'estude des Academiciens soit inutile à ceux-mêmes qui conçoivent déja les veritez qu'ils démontrent ; car il faut les penetrer, ces veritez, le plus que l'on peut, & les comprendre autant que l'on doit, pour avoir une science parfaite.

Cum essem parvulus sapiebam ut parvulus. &c.

D'ailleurs on ne doit pas dire que les Academiciens n'ayent que des connoissances communes ; car ils en ont aussi qu'on pourroit regarder comme des Paradoxes, & qui neanmoins deviendront évidentes à ceuz qui auront medité comme eux, & qui se seront accoûtumez à marcher dans le chemin des veritez necessaires. Mais avec tout cela, ce n'est point, parce que ces veritez sont rares, qu'on les doit estimer, ni encore moins parce qu'on pourroit avoir quelque peine à les comprendre : car au contraire, plus elles sont faciles à concevoir, plus elles sont incontestables, & moins elles sont sujettes à caution. Aprés tout, il faut admirer la bizearrerie de l'esprit de la plus part des hommes. Ils demandent des veritez évidentes ; ils en cherchent, & quand on leur en donne, ils les méprisent.

Lucrece.
Sic quia semper aves quod abest, præsentia temnis.

Il faut juger des choses par leurs natures, & non point par des vûës exterieures, & suivant que nostre orgueil nous oblige de les envisager : & en un mot quoy que l'on fasse, il faut s'assurer qu'il n'y a rien de plus grand, ni de plus considerable, parmy les choses spirituelles, que des veritez évidentes.

CHAPITRE III.

Que la premiere chose que les hommes doivent faire est de chercher la Verité.

Voicy le premier devoir de l'homme, & c'est celuy qui donne la loy à tous les autres. Car avant que d'estre assuré si l'on doit faire aucune chose, il faut sçavoir, s'il est vray qu'on la doive faire. En effet nostre volonté ne peut se porter à l'action, si nostre entendement ne l'ecaire, & nostre entendement ne se conduit que par la verité, ou du moins, par l'apparence de la verité, *tanti enim splendoris est veritas, cujus etiam nobis umbra lux est.* C'est son objet necessaire, de mesme que le bien l'est de la volonté; d'où il s'ensuit que la verité est la premiere chose que nous devons envisager. Il faut que tous les hommes regardent sans cesse du costé que le jour vient, & qu'ils se disposent d'abord à marcher sous la conduite de la verité, *ex qua parte veritatis lumen affulgeat.* Cette proposition doit passer pour incontestable, & neanmoins je vais la démontrer en forme, pour satisfaire à toutes sortes d'Esprits.

La premiere chose que l'on doit chercher est ce sans quoy, on n'est pas certain que l'on doive chercher aucune autre chose. Or sans la connoissance de la verité, on n'est pas certain que l'on doive chercher aucune autre chose, donc la connoissance de la verité est la premiere chose que l'on doit chercher. *Illud in primis quærendum est, sine quo, nihil constat esse quærendum, sed sine cognitione veritatis, nihil constat esse quærendum, ergo inprimis quærenda est veritatis cognitio.* La majeure est évidente d'elle-même ; pour ce qui est de la mineure, elle se conçoit facilement aussi : car pour estre assuré que l'on doive chercher quelque chose, il faut sçavoir qu'il est vray qu'on la doit chercher ; autrement on en douteroit & l'on n'en seroit pas certain : ce qui seroit contradictoire : donc il faut aussi que la conclusion soit également certaine : & c'est ce qu'il falloit démontrer.

Mais nostre proposition est si constante qu'elle se soûtient d'elle-même, soit qu'on la nie, soit que l'on en doute. Car si l'on en doute, il sera encore plus necessaire d'en chercher la verité, en cela du moins qu'il faudra chercher, s'il la faut chercher ; *& ex hoc magis quærenda erit veritas, quia quærendum erit an sit quærenda.* Si quelqu'un s'avise de la nier, ou il le fera temerairement, & sa temerité ne nous doit point servir de regle ; ou il le fera aprés avoir trouvé, qu'il est faux que l'on doive chercher la verité : Or pour trouver, si cela est vray ou faux, il faut chercher ; donc on ne pourra s'exemter de chercher la verité, donc nous avons raison de dire, *in primis quærenda est veritas* : & nostre proposition ressemble à celles de Socrate, desquelles on a dit autrefois *semper erecta cadunt*. Elle se soûtient toûjours, & de quelque façon qu'on la tourne, elle est droite, & posée sur une baze également solide, *semper erecta cadit*.

C'est ce que Platon a dit & prouvé en mille endroits de ses Dialogues, ce qui luy fait conclure que la verité est le Guide de tous les Esprits. *Veritas tum diis, tum hominibus omnium dux est bonorum.* J'avouë qu'il y a des hommes qui ne se mettent point en devoir de la chercher, mais en cela ils sont blasmables, & ils commettent une faute, qui les rendra malheureux. Car, comme dit fort bien Seneque, quand on est éloigné de la verité, il n'y a point de bonheur à pretendre, *Nemo fœlix esse potest, extra veritatem projectus.*

De sçavoir à cet heure si c'est la premiere proposition que l'on peut faire, c'est ce que je ne determineray point. Et aprés tout, je ne pense pas qu'on le doive faire. Car nostre esprit se plaist à circuler, & comme ses pensées s'entresuivent & se soutiennent les unes les autres, il semble que l'on ne puisse pas mieux assurer, laquelle est la premiere, que de montrer le premier point dans la circonference d'un Cercle. Effectivement il y auroit quelque raison de dire que la proposition, par le moyen de laquelle nous venons de prouver la nostre, seroit premiere, sçavoir; *il faut chercher en premier lieu ce sans quoy il n'est pas certain que l'on doive chercher aucune autre chose.* Mais si nostre proposition n'est pas la premiere dans l'ordre des Theoremes, il faut pourtant avoüer qu'elle nous apprend nostre premier devoir, & d'autre part on doit d'abord considerer les Esprits, comme ils se trouvent, suivant la situation la plus commune.

Cependant il ne faut pas omettre icy de dire un mot de la premiere proposition de Monsieur Descartes, *je pense, donc je suis;* & premierement il faut remarqu'elle n'est pas moins sujette à la révolution de la pensée que la nostre. Car avant que de pouvoir affirmer qu'il existe, parce qu'il pense, il faut qu'il sçache que ce qui pense, existe; or est-il que je pense, donc j'existe. Outre cela il faut encore estre assuré de la regle des contradictoires, comme l'a fort bien montré l'Auteur de la Censure *, donc cette proposition est encore sujette à la circulation de la pensée. En second lieu, on peut voir que M. Descartes suppose la nostre, avant que de recevoir celle-là : car il commence d'abord, comme les Academiciens, par une recherche generale de la verité dans tous ses sentimens, & c'est par là qu'il dit que l'on doit commencer.

* *Petri Danielis Huetii Episcopi censura Philos. Cartesiana.*

CHAPITRE IV.

Que l'on ne doit pas dire d'abord qu'il soit impossible de reconnoistre la verité.

IL n'est pas necessaire de prouver icy positivement qu'il n'est pas impossible de reconnoistre la verité ; mais seulement, il faut montrer que l'on ne doit pas dire d'abord, comme font plusieurs, que cela soit impossible. Autrement il seroit inutile de la chercher, pourveu neanmoins que l'on eut recounu évidemment cette impossibilité.

La plus part de ceux qui ne veulent point philosopher, tâchent d'inspirer aux autres, le desespoir de reconnoistre la verité ; mais ils ne le font qu'aprés s'estre prevenus de l'opinion de cette pretenduë impossibilité. C'est pour cela qu'il faut les refuter afin de nous défendre de ce desespoir. *Ne nos desperatio veri ab ubere Philosophia retrahat.* [S. Aug. ad Hermogen.]

Pour avoir lieu de chercher une chose, il n'est pas necessaire que l'on soit assuré de la trouver, pourveu que l'on ne soit pas certain qu'on ne la trouvera pas. Car il suffit que l'on soit dans le doute, & c'est assez pour donner lieu de chercher. C'est pour cette raison que si l'on veut s'empêcher de chercher la verité, il faut que l'on prouve positivement qu'il est impossible de la trouver : Or cela ne se peut, car pour prouver qu'il est impossible de trouver la verité, il faut estre assuré de l'avoir trouvée, du moins en un point, & l'on doit dire, *unum scio quod nihil scire possum*. Mais pour avoir droit de parler ainsi, il faut du moins autant philosopher, que Socrate avoit philosophé. Je dis du moins, car il est plus facile de reconnoistre, que l'on ne sçait rien que de reconnoistre que l'on ne peut rien sçavoir, en cas que cela se puisse jamais reconnoistre.

Cependant plusieurs de ceux qui passent pour spirituels dans le monde, ne veulent pas que l'on dise qu'ils ne connoissent point la verité, & que neanmoins il n'est pas impossible de la reconnoistre. Cela leur déplaist, parce qu'il semble qu'on leur veüille dire qu'il y a des gens qui ont meilleure vûë qu'eux. Mais il suffit de leur faire comprendre, qu'eux-mêmes, i's s'éclaircissent tous les jours touchant mille sujets, & font assez souvent de nouvelles découvertes. C'est ce qu'il est facile de leur faire comprendre. Mais il faut qu'ils sçachent qu'ils sont obligez pour ce sujet de mediter & de philosopher. Avec tout cela, s'ils se fâchent de ce que la verité ne vient point au devant d'eux, ils doivent considerer qu'elle ne favorise personne & qu'il ne dépend point des Academiciens, ni des autres de leur inspirer de la science & de les faire penetrer du premier coup dans les connoissances les plus profondes. On leur dira avec Ciceron, *nostra ne cul-*

pa est, naturam incusa, quæ in profundo veritatem penitus abstruserit.

Ils ne font donc pas reflection que s'il estoit impossible de reconnoistre la verité, il ne leur seroit pas mêmes permis de soûtenir qu'on ne la pourroit reconnoistre : Car cette proposition, *il est impossible de reconnoistre la verité*, n'est pas moins sujette à examen que cette autre, *on peut reconnoistre la verité*. Ils ont beau se prévaloir de l'estime que l'on fait d'eux dans le monde, & vouloir que l'on se gouverne par leur autorité, ils seront toûjours obligez d'en venir aux preuves ; & il faut travailler plus qu'ils ne pensent pour établir leur sentiment. Il faut qu'ils passent par tous les endroits où les Xenophanes, les Prothagores & les Gorgias ont passé, & qu'ils souffrent pour leur honneur qu'on les regarde comme Sectateurs de ces Philosophes. Qu'ils ne se figurent donc pas qu'ils puissent détruire l'esperance de la Philosophie, à moins que d'entreprendre de philosopher. Il faut qu'ils fassent bien du chemin pour revenir victorieux de toutes les sciences : Cependant ils ne doivent pas se couvrir des armes des Pyrrhonniens ; car ces Philosophes cherchoient, & jamais ils n'ont osé affirmer qu'il fût impossible de reconnoître la verité. Si donc ils se rengent parmi les Pyrrhonniens ils deviendront Philosophes malgré eux.

Ils ne laissent pas neanmoins d'affirmer qu'il est impossible de reconnoistre la verité, & en cela on les doit regarder comme des Prophetes, & des gens inspirez, qui disent ce qu'ils ne sçavent pas: mais qui le disent avec une assurance, qui estonnent les ignorans, & qui leur attire les applaudissemens du commun des hommes, dont l'esprit superficiel est toûjour prest à prononcer sur toutes choses.

Aprés tout neanmoins, ils ne songent pas que cette proposition leur est plus préjudiciable qu'ils ne pensent; car si l'on ne pouvoit reconnoistre la verité, que deviendroit leur bel esprit? & quel seroit ce bon sens dont ils se vantent souvent d'estre remplis. S'il n'y a rien de vray, rien de juste, rien d'infaillible dans les connoissances des hommes, comment pourroient-ils estre asiurez d'avoir plus de bon-sens que le vulgaire? & qu'auroient-ils par dessus les autres, sinon de fausses lueurs & des chimeres un peu plus éclatantes? En effet si la raison est toûjours aveugle, & si elle n'a pas où mettre le pied, surquoy pourroient-ils se fonder pour appuyer leurs jugemens? Archimede ne demandoit qu'un point fixe pour remuer toute la terre, & ce point estoit suffisant pour cela. Il ne faut non plus qu'un point pour appuyer toute la machine de nos raisonnemens; si nous ébranlons ce point, nostre édifice tombe entierement: de même il ne faut qu'une verité constante pour servir de fondement à nôtre Philosophie, & sans cela nostre raison est vaine & inutile: estant appuyée comme

sur

de la Philosophie des Academiciens.

sur du sable, elle se meut, & tourne au gré des vents, & s'il le faut dire ainsi, il vaudroit mieux que nous n'eussions point de raison, que d'en avoir une incapable d'estre bien reglée & bien conduite?

Je ne demande donc qu'une chose, sçavoir que l'on dise d'abord, comme les Academiciens, je ne sçais point encore si je puis sçavoir, *nundum scio an aliquid scire possum*. Et que l'on ne ne dise point sans raison que l'on sçait qu'il est impossible de sçavoir aucune chose, *scio me nihil scire posse*. Il est vray que l'on se fonde sur cette espece de raisonnement, *il y a long-tems que les hommes cherchent la verité, & cependant ils ne l'ont point encore trouvée, donc on ne la trouvera jamais.* Voila ce que l'on dit vulgairement ; & c'est ce que nous allons refuter.

Si quis se existimat scire aliquid, nundum cognovit quemadmodum oporteat eum scire. Ad Cor. 1. c. 8.

CHAPITRE V.
Que l'on ne doit pas soutenir que les Anciens n'ayent point reconnu la verité.

LOrs que l'on dit que les Anciens n'ont point reconnu la verité, on se fonde sur ce que s'ils l'avoient reconnuë, on la trouveroit dans leurs livres, or est-il que l'on ne l'y trouve pas ; donc il faut penser qu'ils ne l'avoient pas reconnuë. C'est ainsi que l'on raisonne communement, & que l'on suppose en mesme tems que l'on doit juger entierement des connoissances des Anciens par leurs écrits que nous avons entre les mains.

En premier lieu, on a raison de douter si ceux qui nous ont precedé ont écrit toutes leurs pensées. En effet il se peut qu'ils n'ayent pas trouvé bon d'exposer aux insultes des ignorans la verité qu'ils auroient pû connoistre. On sçait que Phythagore & la pluspart de ses Sectateurs n'écrivoient pas, ou du moins qu'ils envelopoient leurs sentimens dans des symboles & dans des enigmes. Pour ce qui est de Platon, il n'y a qu'à voir ce qu'il dit dans son Phedre & dans sa seconde Lettre à Denis Roy de Syrase ; *non extat opus Platonis, nec extabit unquam. &c.* Platon n'a jamais fait aucun livre & n'en fera jamais, & pour ce qui est des Dialogues que l'on m'attribuë, continuë il, ils ne contiennent que les sentimens de Socrate, tels que je les ai appris de luy, lors qu'estant encore jeune, j'étudiois sous sa conduite : neanmoins je veux bien vous repeter icy en deux mots, & par enigme, ce que je vous ay dit, lorsque nous estions tous deux sous un laurier en vostre jardin. Je vous conjure, cependant, de brûler cette lettre de peur qu'elle ne tombe entre les mains de quelques ignorans malicieux à qui elle donneroit occasion de railler de la verité & de la tourner en ridicule. C'est ainsi que Platon a temoigné qu'il n'avoit point abandonné ses connoissances à la fortune d'un papier ou d'une membrane. Arcesilas & Carneades n'ont rien écrit, ou du moins tres-peu de choses. Epictete, Plotin, & plusieurs autres fameux & illustres Philosophes n'ont rien exposé au jugement du public. Mais d'ailleurs, on peut croire

de la Philosophie des Academiciens.

raisonnablement que quand ils auroient écrit, ils n'auroient pas découvert tout ce qu'ils sçavoient, pour ne pas dire, que cela n'est pas moralement possible. D'où il suit que nous ne pouvons estre asseurez s'ils avoient reconnu la verité.

En second lieu, on a raison de penser que si les Anciens ont écrit, ce n'a esté que suivant la portée de ceux qu'ils prévoyoient devoir lire leurs ouvrages; & non pas suivant toute l'étenduë de leurs connoissances. Cela est si vray qu'ils avoient coûtume de communiquer leurs sentimens par des symboles, par des comparaisons, par des paraboles, & par des dialogues, dans lesquels leurs sciences estant enveloppées; & les Lecteurs en estoient plus ou moins instruits suivant leur capacité.

Et d'autre part, il y a plusieurs Anciens dont on assure positivement qu'ils avoient reconnu la verité. Cela a esté dit de Pythagore, de Democrite, d'Heraclite & sur tout de Platon & des Academiciens, aussi bien que de plusieurs autres, dont il seroit trop long de faire icy le dénombrement. Pour ce qui est de Platon, cela a esté dit de luy avec tant de confiance, que l'on a même asseuré qu'il avoit tiré la verité de nos Patriarches & de nos Prophetes. Un Pere a dit d'Arcesilas, *scientiam aliis eripuit ut domi occultaret.* Et saint Augustin parlant des Academiciens, avance sur le témoignage de Ciceron que ces Philosophes avoient coutume de ne découvrir leurs sentimens qu'à leurs intimes amis, *ait enim Cicero*, dit ce Pere, *ipsis morem fuisse occultandi sententiam suam nec eam cuiquam nisi secum usque ad senectutem vixissent, aperire consuevisse.* Et que l'on ne s'étonne pas de ce que ces Philosophes en ont usé avec tant de précaution ; car ils avoient à faire à des Payens entestez de leurs fausses divinitez, à des Esprits indociles, à des libertins ennemis de la verité & de la Philosophie. Ajoûté que le commun des hommes est maistre des livres. C'est le Vulgaire qui en juge. On ne conserve & l'on ne reçoit que ce que l'on gouste & que l'on estime. De sorte que l'interest de ceux qui les lisent en font ordinairement la destinée. Et comme la multitude panche du costé des préjugez & de la superstition, il arrive ainsi que les meilleures choses s'anneantissent. C'est pour cela que les principes les plus solides & les veritez les plus importantes deviennent des objets de mépris, & sont le rebut des Esprits vulgaires. Bien loin de solliciter les habiles gens à travailler pour l'avancement des sciences, on les persecute, on les contraint, & lorsque malgré nostre ingratitude, ils se donnent la peine de nous communiquer les fruits de leurs meditations, nous tâchons au contraire, de faire avorter leurs meilleurs desseins : nous les traduisons en ridicules : tant il est vray que la verité & l'ombre même de la verité est odieuse à la plus part des hommes. Faut-il donc s'étonner de ce que les plus illustres des Anciens ont écrit si peu de chose ? & doit-on trouver estrange que la plus part de leurs ouvrages nous ayent esté donnez par leurs Difciples ? Nous avons quelques restes de Pythagore par le moyen de Timée Hierocles nous a donné la Morale des Pythagoririens : Nous devons à Platon, celle de Socrate : celle d'Epictete nous est venuë par la main d'Arrian : les ouvrages de Plotin font de la compofition de Porphire ; & c'est un certain Andronique qui a ramaffé les livres que l'on attribuë prefentement à Ariftote & à Theophrafte. Mais qui pourroit nous affurer que ces Difciples ont parfaitement bien tourné les penfées de leurs maiftres ? & quand ils y ont ajoûté des titres & fait des divifions, n'ont-ils pas donné fujet de douter s'ils n'ont point pris le change, & s'ils n'ont pas plûtoft accommodé leurs Maiftres à leurs fentimens, que leurs fentimens à leurs Maiftres ? Ne voit-on pas que Socrate fe plaint de la maniere dont Platon l'avoit reprefenté dans quelques-uns de fes Dialogues, *heûs qualiter ifte adolefcens me reprefentat ?* De forte que nous avons fujet de regarder le Socrate de Platon, comme une copie qui a bien l'air d'un original. Porphire a mêlé trop de Peripatetifme dans fon Plotin, Arrian a formé des raifonnemens dans fon Epictete, qu'Epictete mêmes n'auroit pas approuvez. Hierocles a donné un Pythagore, que Pythagore auroit peut-eftre defavoüé du moins en plufieurs chofes. Mais s'il arrive quelquefois qu'un Auteur ayant écrit le plus clairement qu'il a pu, eft obligé de dire à fes Interpretes, *ce n'eft pas comme cela que je l'entends ?* Que doit-on penfer qu'il diroit a des gens qui ne le confulteroient que par des Interpretes d'interpretes, & qui en jugeroient sur des Commentaires de Commentaires? N'auroit il pas bien sujet de s'écrier comme Arcesilas, *Vos mea corrumpitis*? Nous voyons donc que ce n'est pas faire justice aux Anciens que de juger de leurs connoissances, sur des Commentaires douteux.

En troisiéme lieu, il est certain que nous avons perdu la plus part des livres des premiers Philosophes, & quels que soient les écrits qui en ont esté donnez au public, soit par eux mêmes, soit par leurs Disciples, encore aurions-nous quelque sujet de nous consoler si nous les avions. Mais de tous ces tresors, il ne nous en est demeuré qu'une petite partie ! Que sont devenus les livres de Solon ; ceux de Tales ; ceux d'Anaxagore, ceux de Prothagore, de Gorgias, de Zenon, de Cleante d'Antisthene ; ceux de Pherecide, & d'Hermodamante, les Maistres de Pythagore ? Ceux de Melisse, d'Heraclite, de Democrite & de plusieurs autres dont les noms fameux ont vaincu l'oubli des siecles ? Chrysippe avoit composé jusqu'à 705. volumes, & il ne nous en reste aucun aujourd'huy. Le tems nous a dérobé les meilleurs traits d'Epicure, & si nous en croyons ce qu'en dit Dioge Laërce, nous trouverons que nous avons perdu incomparablement plus de livres qu'il ne nous en reste maintenant. Combien y en a-il eu de consumez par des embrazemens de Bibliotheques, où l'on conservoit des originaux & des manuscrits tres-rares ? Et ces pertes sont d'autant plus irreparables que l'on n'a point toûjours eu l'Art de l'Imprimerie, & que l'on ne faisoit que tres-peu d'exemplaires d'un même ouvrage. Combien y en a-il eu de corrompus par la faute des ignorans, ou par la malice des envieux & des jaloux, aussi bien que par la fausse pieté des supersticieux ? Les inondations, les guerres, les desolations des Provinces, & mille autres accidens nous en ont encore enlevé un tres-grand nombre. Et s'il est vray qu'Aristote ait fait brûler tous les livres des Anciens qu'il a pu trouver, & cela afin de donner cours à ses ouvrages, que de parricides a-t-il commis en un seul coup, ayant ainsi ôté la vie à ses Peres & à ses Maistres, & de quelle presomption ne faudroit-il pas qu'il eut esté rempli pour s'ériger ainsi en Censeur & en Tyran des Esprits? Que sa jalousie nous couteroit cher, nous ayant ôté les meilleurs productions pour nous donner une Metaphysique embarrassé ? Puisque nous avons donc perdu la plus grande partie des livres des Anciens ; il est évident que nous ne pouvons sçavoir s'ils ont connu la verité ; & s'ils l'ont écrite ; Car non seulement il se peut qu'ils l'ayent connuë, & ne l'ayent jamais écrite ; mais encore il se peut qu'ils l'ayent écrite dans des livres qui ne sont point venus, jusqu'à nous.

En quatriéme lieu, quand la verité seroit contenuë dans les ouvrages des Anciens, & quand mesmes ils auroient fait tous leurs efforts pour la proposer évidemment, nous ne devrions pas non plus conclure que nous serions capables de l'y reconnoistre. Car enfin nous n'y trouvons que des termes ; & il est constant que les mots ne donnent point les idées, mais qu'ils les supposent : En sorte qu'il ne suffit pas de dire la verité pour la faire concevoir à des gens, qui n'ont pas des idées semblables à celles de ceux qui leur parlent. En effet presque tous les mots sont devenus équivoques, & ils réveillent aujourd'huy des idées fort differentes de celles qu'ils réveilloient autrefois. Ainsi le mot οὐσία qui signifioit autrefois essence, est pris à cet heure pour substance, le mot de substance mesme est équivoque : nous avons une autre idée de l'accident que les Anciens : le mot de sens, celuy de *phantaisie*, celuy d'especes, d'acte de puissance, le mot grec ἐντελέχεια que l'on ne sçait comment traduire, ni interpreter, & plusieurs autres qu'il seroit trop long de rapporter ici, tous ces mots, dis-je, sont équivoques, & ne réveillent plus les idées qu'ils réveilloient dans l'esprit des Anciens. Jusques-là que cette diversité nous jette dans une obscurité étrange & forme une confusion de pensées plus propre à nous cacher la verité qu'à nous la découvrir.

Non seulement les mots ont changé d'idées ; mais aussi les principales propositions & les axiomes les plus importans ne se conçoivent presque plus : Car autrefois ils excitoient des idées d'érudition & de science, dont nous ne sommes pas capables dans la disposition où nous sommes presentement. Qui est-ce qui conçoit la définition que les Pythagoriciens apportoient de l'ame: *Numerus se movens*? Comprend on bien l'étenduë

Voyez l'Apologie, Article 4.

de cet axiome, *nihil est in intellectu quod prius non fuerit in sensu?* Comprend-on cet autre, *oportet intelligentem speculari phantasmata?* cet autre aussi, *judicium veritatis non est in sensibus?* aussi bien que cet autre encore, *intellectus cognoscendo fit omnia?* On entend prononcer ces termes, mais on n'en penetre point le sens, & l'on n'en sçait point approfondir la doctrine. Cependant de semblables axiomes réveilloient dans l'esprit des Anciens, ce que vingt ans de meditations leur avoit appris. Nous aurions donc bien peu de raison de juger de leurs pensées par les nostres, & ce seroit leur faire injustice que de mesurer, par nos idées, leurs plus profondes connoissances.

Je dis plus, quand les Anciens vivroient encore, & que nous pourrions nous entretenir avec eux, croyons-nous qu'ils n'auroient qu'à dire la verité pour nous la faire comprendre? Si nous le croyons, nous n'avons qu'à voir ce que répondit Socrate à des gens, qui pensoient pouvoir gagner en un moment tout ce que ce grand Philosophe avoit découvert par de longues meditations. Ne croyez pas, leur disoit-il, qu'il ne tienne qu'à moy de vous découvrir la verité, quand mesmes je la connoistrois ; mais croyez plûtost que cela se fera, si Dieu le veut ; je puis frapper vos oreilles par le bruit de certains mots, mais non pas éclairer vostre esprit par des idées distinctes. En vous parlant, je ne feray que de réveiller les idées que vous avez, dont la confusion vous est assez connuë; & si vous me demandez que je m'explique, par d'autres termes ; je ne feray, qu'ajoûter des idées confuses à d'autres qui le seront déja, & produire en vostre esprit des phantosmes monstrueux & d'étranges composez de chimeres *O admirabilis*, disoit ce Philosophe, à un jeune homme qu'il voyoit tout prest de juger en dernier ressort de ses sentimens ? *ô admirabilis, qui putas me esse arcam quandam sermonum ex qua tanquam ex pharetra verba depromam.* Si donc des personnes vivantes qui s'entretiendroient avec nous, ne pourroient se promettre de nous faire comprendre la verité qu'ils connoistroient ; que sera-ce des écrits dont le langage muët & sans bruit, ne se fait entendre que par le moyen de quelques figures ou caracteres, qui n'ont de force & de vertu qu'autant que nous leur en donnons, & qui ne sçauroient répondre à nos objections, ni se défendre des interpretations obliques de ceux qui les condamnent injustement.

Nous voyons donc assez que l'on ne doit pas soutenir que les Anciens n'ayant pas connu la verité, parce que nous ne la trouvons point dans leurs livres, quand mesmes nous y trouverions des choses qui nous sembleroient contraires ; car, outre que nous avons sujet de penser que nous ne les entendons pas ; c'est que nous n'avons pas tout ce qu'ils ont écrit, & que nous pouvons encore douter si ce que nous en avons est d'eux-mêmes, & nous a esté conservé dans sa pureté. Mais nous allons voir, que quand il seroit vray qu'ils n'auroient point connu la verité, il ne s'ensuivroit pas que nous ne pussions la reconnoistre.

CHAPITRE VI.

Quand les Anciens n'auroient pas connu la verité, il ne s'ensuivroit pas que nous ne puissions la reconnoistre.

AFin de refuter entierement le raisonnement que nous venons de combattre, il faut reconnoistre encore que quand mesme il seroit vray que les Anciens n'auroient pas connu la verité; il ne s'ensuivroit pas que l'on dûst desesperer de la connoistre; & cela étant, non seulement l'entecedent que l'on suppose sera incertain, mais encore la consequence que l'on en tire n'en devra point estre tirée.

Car premierement, on ne pretend pas prouver, que l'on n'a pas trouvé la verité, parce qu'il est impossible de la trouver, mais parce qu'on ne l'a point encore trouvée; autrement il faudroit prouver cette impossibilité, par sa cause *à priori*: & pour cela on seroit obligé de philosopher pour le moins autant que les Sceptiques: ce que l'on craint de faire. Mais d'autre part, il faut que l'on suppose que le temps peut faire quelque chose pour l'esperance de reconnoistre la verité: & cela posé, il s'ensuit necessairement qu'un plus grand espace de temps est plus avantageux qu'un moindre. D'où il faut conclure que si les hommes n'ont pas trouvé la verité après l'avoir cherchée pendant quatre mille ans, par exemple, ils la trouveront peut-estre après l'avoir cherchée encore autant de temps. De sorte que c'est tres-mal raisonner que de dire si tant de temps n'a pû suffire pour cet effet, deux fois autant ne suffira pas. Car enfin la consequence n'est pas bonne de la puissance à l'acte ; au lieu qu'elle est infaillible de l'acte à la puissance.

Mais si l'on fait voir qu'en nos jours on a découvert p'usieurs veritez que les Anciens n'avoient pas reconnuës, il s'ensuit infailliblement qu'il n'est pas impossible de reconnoistre ce que nos predecesseurs n'ont pas reconnu. Or je n'ay qu'à proposer les veritez que l'on a découvertes dans l'Astronomie dans la Statique, dans l'Equilibre des liqueurs, dans la Physique, dans la Medecine, soit par le moyen des Thelescopes, & des Mycroscopes, soit par quelques autres instrumens utiles pour l'Architecture, pour la Peinture, & pour les autres Arts, tant Liberaux que Mechaniques, les Fortifications militaires, la poudre à canon, le Papier, l'Imprimerie, & mille autres inventions, que les temps posterieurs ont vu naistre, nous fournissent des experiences pour prouver au doigt & à l'œil que l'on peut acquerir de nouvelles connoissances. Enfin, il n'est pas necessaire de prouver icy positivement que l'on peut découvrir la verité, mais seulement il suffit de faire connoistre que l'on n'en doit pas desesperer : car, comme nous avons dit, il suffit de montrer qu'il n'est pas impossible de trouver une chose pour montrer qu'on la peut chercher raisonnablement ; & il est certain que nous n'avons pas moins de droit d'esperer que nos Anciens en pouvoient avoir, eux qui ont trouvé plusieurs choses en leur temps que leurs predecesseurs avoient en vain cherchée. Mais au contraire nous avons encore plus d'avantage, qu'ils n'en avoient : car, outre leurs meditations, nous avons encore les nostres propres. Et s'il est vray que l'on doive regarder le commencement des temps comme l'enfance du monde ; il faudra dire que nous sommes nous-mêmes les Anciens, à l'égard de ceux qui nous ont precedez ; & nous ne devons point envier à nos descendans l'avantage d'encherir sur nos pensées, & d'ajoûter à nos découvertes.

Voilà donc le raisonnement vulgaire doublement refuté ; car il n'est pas certain, comme nous avons vû dans le chapitre precedent que les Anciens n'ayent point reconnu la verité, & quand il seroit vray qu'ils ne l'auroient point reconnuë, il ne s'ensuivroit pas que nous ne pussions la reconnoistre.

CHAPITRE VII.

Que l'on ne doit point rejetter la lecture des Anciens, non plus que celle des Modernes. En quoy les uns & les autres ont excellé.

DE peur que l'on ne se jette dans une autre extremité, soit en s'attachant trop aux Anciens, soit en leur preferant les Modernes en toutes choses, & en les negligeant entierement ; il faut que nous fassions icy les reflections que nous allons faire. Il y a de certains Esprits qui sont tellement remplis de leurs propres idées, qu'ils méprisent toutes les pensées de ceux qui les ont precedez. Ils se representent les Anciens comme des bonnes gens qui n'auoient aucune finesse, & qui ne pensoient que d'une maniere lourde & pesante : de sorte qu'ils se figurent que l'on ne doit rien esperer de leur part qui enferme quelque penetration & quelque discernement considerable. D'autre costé, il s'en trouve, qui ne regardent les nouveaux que comme des Ecoliers incapables de nous instruire & de rien inventer d'eux-mêmes. Jusques-là que si l'on rencontre quelque chose de bon dans leurs écrits, on demande aussi-tost, où ils ont pris cela (comme si les hommes de nostre temps estoient d'une autre espece que ceux des siecles passez, & comme s'ils ne pouvoient rien tirer de leur propre fond.) Voila les jugemens que l'on fait lorsque l'on porte ainsi les choses dans l'extremité, soit du costé des Anciens, soit du costé des Modernes,

Mais on voit assez que cela vient de ce que l'on se laisse préoccuper des préjugez vulgaires, & de ce que l'on se rebute d'abord quand on trouve les moindres défauts, comme s'il n'estoit pas possible que les differens siecles ayent réüssi en differentes recherches. Car effectivement nous trouvons que les Anciens ont esté habiles en maniere de Logique, & de Metaphysique, & de Morale. Au lieu que les nouveaux ont excellé pource qui regarde la Physique & les Mathematiques. Ce n'est pas que l'on ne puisse penser que les Anciens n'ayent eu des connoissances considerables, touchant la generation des Animaux, touchant les proprietez des plantes & la nature des metaux; ce que nous n'avons plus maintenant : car combien de secrets avoient-ils,

de la Philosophie des Academiciens. 111
& combien de moyens de produire des effets surprenans ? Les prodiges qu'ils fçavoient faire aux yeux des peuples, les faisoient passer pour Magiciens, & peut-estre que si l'on en fçavoit autant faire aujourd'huy, on auroit peine à se défendre d'estre regardé comme des gens qui auroient en main quelque pouvoir surnaturel ? tant il est ordinaire aux ignorans de mesurer le pouvoir de la nature par le peu de connoissance qu'ils en ont.

Neanmoins il faut avoüer que nous surpassons les Anciens pour la science de l'Astronomie : & il ne faut pas s'en estonner ; car nous devons en cela nos principales connoissances aux observations qui ont esté faites par succession de temps, & par l'usage des Theloscopes qui n'avoient pas esté encore inventez. De mesme nous avons sujet d'esperer que les Mycroscopes changeront un jour la face de la Physique, & nous donneroient aussi une Philosophie toute nouvelle ; si les Academiciens n'avoient déja, par leurs meditations, découvert une partie de ce que l'experience pourra nous apprendre. Mais d'autre costé, nous aurions bien de la peine à trouver des reflections, touchant la recherche de la verité, plus considerables que celles de Platon, de Sextus Empiricus & de plusieurs autres : & touchant la Morale, il nous seroit encore difficile d'en avoir de plus solides que celles de Ciceron, d'Epictete, de Seneque, d'Antonin, &c.

Cependant la plufpart de ceux qui n'ont point lû les Anciens, les méprisent, en supposant qu'ils ont eu des sentimens indignes

Dissertat. Liv. II. Des Principes de la Philosophie, au sujet des qualitez sensibles & des Elemens.

Art. 2. section 2. au commencement de sa Metaphysique.

Mais, outre que j'ay déja fait voir dans mon Apologie, que plusieurs Anciens n'ont point esté en cela inferieurs à M. Descartes, c'est que M. Descartes même l'avouë, reconnoissant que sur cette matiere, ils ont formé des doutes, qui estoient tres-raisonnables: Jusques-là qu'il les suit luy-même, en refutant les préjugez, dans lesquelle on tombe naturellement. Mais bien loin que les Anciens, sur tout les Academiciens, ayent esté inferieurs en cela à ce moderne; au contraire ce Philosophe auroit dû les suivre en tout ce qui concerne les apparences sensibles. Au lieu qu'il s'en est dispensé au sujet de la quantité ou extention, du mouvement local, & des figures. Mais, comme nous verrons, il faut juger de même à l'égard de tout ce qui nous paroît par les sens, *eodemque modo*, dit Platon dans son Theœtetus, *de aliis, ut de Calido, & duro, cæterisque omnibus judicandum est ; nehil ex his ipsum secundum se quidquam esse*, c'est à dire, *existere independenter à phantasia nostra*, d'où il conclut, *tantum abest ut omnia quæ apparent existant, quin imò nihil eorum quæ apparent existat*. C'est ce qu'il prouve par de bonnes raisons, comme par la diversité des sensations, non seulement dans les differens animaux, mais même dans les hommes; *an resserres qualis tibi unusquisque color apparet, talis canibus & singulis etiam hominibus apparere?* Il en aporte des exemples, entr'autre, il parle ainsi de la couleur; *Cogita circa oculos primum quidem colorem quem dicimus album, non esse ipsum aliud quidquam extra tuos oculos.... atque ita nobis, niger albusque & quivis alius color, incursu oculorum motuque debito genitus, apparet.* La même chose a esté dite par les autres Academiciens, & même par les Pyrrhoniens ou Sceptiques, & c'estoit en cela qu'ils refusoient le *criterium* des Dogmatistes; leur montrant que les sens estoient incapables de discerner le vray du faux, pour ce qui regarde les objets exterieurs. De sorte que l'on ne doit point contester que ces Philosophes n'ayent esté exempts des préjugez, touchant les qualitez sensibles. Sextus Empiricus dit aussi, parlant pour les Sceptiques, *Quid si diversa sunt pro animalium varietate phantasia, quale mihi subjectum apparet id ego dicere potero; quale autem natura sit, de eo quidem assensum retinere cogar.* En un autre endroit, *exponit*, dit-il parlant du Pyrrhonnien, *passionem quam sentit, nihil de externis subjectis affirmans.*

Il est donc certain que plusieurs Anciens n'estoient point préoccupez de ces préjugez. Mais M. Descartes s'en est laissé préoccuper, luy-mesme, au sujet de la quantité, du mouvement local, & des figures. Au lieu qu'il auroit dû considerer avec les Academiciens que le raisonnement qui oblige de rejetter le préjugé des autres apparences sensibles, nous oblige aussi d'en faire le même jugement, à l'égard de tout ce qui nous paroist par les sens : Et cela posé, il faudra ramener M. Descartes à l'Academie, & non pas quitter les Academiciens pour se joindre à M. Descartes.

CHAPITRE VIII.
De l'usage de l'Autorité.

CE que nous venons de dire en faveur des Anciens & des Modernes, pourroit nous engager trop loin, au sujet de l'Autorité : mais pour empescher que nous ne tombions dans un préjugé, il faut que nous fassions ces reflections.

Premierement je declare que je ne parle point de l'Autorité divine ; & d'ailleurs on voit bien que l'Autorité ne sert que pour la conduite de la foy, & non point pour donner de la science.

Mais en matiere de Dogmes de Philosophie, on ne doit pas se conduire par cette vûë ; car, en premier lieu, il est certain que l'Autorité n'éclaircit pas l'entendement. En effet, si nous pensons qu'une chose est vraye, parce qu'elle a esté dite par Aristote, par exemple, ou par quelqu'autre Auteur, nous marchons sous la conduite de ce Philosophe : en sorte que s'il avoit dit le contraire nous le croirions ; & en cela il est évident que nous avons simplement de la foy, & non point de la science : parce que celuy qui sçait est imperturbable dans son sentiment, & envisage les choses en elles-mêmes ; aussi quand Aristote ou Platon diroient le contraire, il ne pourroit neanmoins ne point voir ce qu'il verroit, & sans avoir égard à aucuns Auteurs, il s'attacheroit uniquement à la verité évidente.

C'est ainsi que philosophoient nos Academiciens, & c'est ce qui leur a fait mettre en vogue cette façon de parler, qui est à cet heure si fameuse, *Amicus Plato, amicus Aristoteles, sed magis amica veritas*. Aussi Socrate avoit coûtume de dire qu'il ne falloit preferer aucun homme à la verité.

Et quand il se rencontreroit que l'Autorité seroit jointe à la connoissance évidente de la verité, ce ne seroit neanmoins que par accident ; & il faudroit toûjours estre prests d'abandonner tous les Auteurs du monde, quand nous aurions découvert qu'ils se seroient trompez. C'est pour cela que les Academiciens ne juroient sur les paroles d'aucun Maître particulier ; non pas même sur celles de de Platon. Outre que d'ailleurs les mots sont pour la plus part équivoques ; & nous allons voir qu'il est toûjours plus facile de juger entre les choses qu'entre les personnes.

Je dis donc en second lieu, qu'il faut être capable de bien juger des matieres de science, avant que de sçavoir, lesquels d'entre les Auteurs ont le mieux rencontré, & qui sont ceux qui ont la verité de leur costé. Car le jugement de la multitude ne suffit pas pour cela. Au contraire l'estime du plus grand nombre des hommes est souvent une méchante marque, *argumentum pessimi, turba*, disoit fort bien Seneque, & les Pythagoriciens avoient raison de ranger les tenebres & la multitude parmy leurs méchans principes ; effectivement il est plus probable que les personnes les plus éclairées sont en petit nombre ; car le commun des hommes est rempli des prejugez naturels, & il estime ce qui est de son goust, d'où il s'ensuit que les plus importantes veritez sont souvent de grands paradoxes.

Ajoûtons que le plus grand nombre n'est point fixe, & que suivant les temps & les païs, la plus part des Auteurs sont tantost preferez & tantost posposez les uns aux autres. C'est ce qu'il seroit facile de voir dans l'histoire des plus celebres Auteurs. Si donc nous ne connoissons point la verité, nous ne sçaurions sçavoir si un Philosophe en approche plus qu'un autre. En quoy nous voyons qu'il est plus facile de juger des choses que des personnes ; puisque non seulement il faut sçavoir juger des personnes ; mais encore il faut bien sçavoir si ces personnes, dont on veut juger, ont eu les idées qu'on leur attribuë ; ce qui est plus difficile que l'on ne pense.

Si plusieurs aveugles se trouvoient en peine de choisir un guide parmi eux, comment pourroient-ils faire ? choisiroient-ils celuy qui seroit le plus hardi à vouloir conduire les autres ? Non, car ils se mettroient en danger de choisir un temeraire ? Mais supposons qu'ils choisissent un d'entr'eux, & qu'ils le suivent de concert, celuy-là verroit-il plus clair, parce qu'il aura l'estime des autres ? Non ! car cette estime ne luy ouvriroit point les yeux ! Supposons à cet heure qu'ils en choisissent deux, & que ces deux commencent à voir quelque peu, comment feroient-ils, pour decider les querelles de ces deux conducteurs, s'il arrivoit qu'ils fussent contraires entr'eux ? certainement ils n'en pourroient juger. Nous avons la même chose à dire à l'égard des Auteurs ; à quoy il faut ajoûter, qu'il y a bien plus de difficulté de juger touchant les choses intellectuelles que touchant les sensibles. C'est pour cela aussi que Ciceron dit fort bien qu'il est necessaire d'estre sage, pour juger entre les Sages, *nam qued dicunt omnia se credere ei quem judicent esse sapientem; probarem. si idipsum rudes & indocti judicare potuissent; statuere enim quis sit sapiens, vel maxime videtur esse sapientis.*

Que l'on ne s'imagine donc point que l'on prend le plus court chemin, en suivant l'authorité : au contraire c'est le plus long ; car avant que de pouvoir discerner entres les personnes, il faut sçavoir juger des choses. Et quand il arriveroit par hazard que l'on choisiroit le meilleur guide, ce ne seroit rien fait ; parce que l'on ne voit pas par les yeux d'un autre. Il faut voir de ses propres yeux pour estre clair-voyant, & il faut avoir l'entendement éclairé pour pouvoir dire que l'on a une veritable science.

Ce n'est pas neanmoins que l'Autorité ne doive servir de guide, en attendant que l'on ait atteint l'évidence de la verité, mais ce ne doit estre que par provision ; pour la conduite des actions particulieres de la vie ; & non pas pour former des Dogmes. Aussi les Academiciens n'en doivent point former : au lieu que les Dogmatistes ne font point difficulté de le faire, sur la seule autorité, autant que sur de simples vray-semblances. Mais en un mot, quoyque l'on fasse, on ne peut s'avancer à la connoissance évidente de la verité, si l'on n'ouvre les yeux, & si l'on ne s'apprend à former des jugemens solides.

In exemplo non requiritur veritas.

On blâme ordinairement Democrite de ce qu'il se priva de la vûë corporelle en se crevant luy-même les yeux : mais on devroit bien plûtost blâmer ceux qui se privent de la vûë de l'esprit, & se rendent incapables de bien discerner entre les guides qu'ils doivent choisir. Enfin l'Autorité n'est bonne que pour servir de fondement à la Foy divine ou humaine, mais non pas pour avoir de la science, telle que les Philosophes la demandent. On s'en peut servir comme d'une petite lumiere dans quelque lieu obscur ; jusqu'à ce que l'on soit arrivé au grand jour de la verité bien démontrée.

Avec tout cela, il ne faut pas disconvenir que l'Autorité ne soit de grand poids, pour ce qui concerne les faits historiques, & tout ce qui consiste dans quelques experiences sensibles que tous les hommes ont pû faire. Et mêmes en cela, il ne faut point chercher d'autre guide que l'Autorité : car on n'en doit pas décider par la simple speculation, quoy qu'on le puisse faire par le témoignage d'une multitude capable d'en bien juger : sur tout lors qu'il s'agit de quelque effet corporel. Mais en cela, neanmoins il faut sçavoir distinguer ce que les hommes voyent effectivement, de certaines conclusions qu'ils tirent presqu'inperceptiblement dans leur esprit, jugeant avec trop de precipitation, des causes de quelques effets qu'ils experimentent, ce qui arrive ordinairement lors que les évenemens ont quelque chose de surprenant. Par exemple, à la mort de Carneades, on vit une

de la Philosophie des Academiciens. 219

Eclypse de Lune, & cela est une chose de fait, dont on peut s'assurer sur le témoignage de ceux qui estoit de ce temps-là ; mais on ne vit pas ce que rapportent certains Auteurs, que la Lune ait voulu donner des marques de tristesse à la mort de cet Academicien, en couvrant son visage pour montrer ses regrets. On trouvera une infinité d'exemples de cette nature, par lesquels il seroit facile de reconnoistre le peu de discernement de plusieurs Historiens, qui mêlent leur fausse science, & leurs opinions phantastiques à la verité des faits, dont ils ne devroient estre que les témoins sinceres. Mais il est assez évident que cela est un défaut, duquel les Philosophes ne doivent point estre susceptibles.

Diogene Laerce, Liv. 4.

CHAPITRE IX.
Du moyen de réunir les Esprits & d'accorder les hommes dans leurs sentimens.

COmme il n'y a rien de si simple ni de si uniforme que la verité évidente, il s'en suit que pour accorder les hommes dans leurs sentimens; Il faut les porter à la reconnoistre: & les empescher autant que l'on peut de décider, avant que de l'avoir reconnuë. C'est ainsi qu'il faut les faire marcher de compagnie, & les ayant tous réduits aux premiers Principes leur donner de bonnes regles pour les empescher de s'égarer dans les conclusions. Ce que l'on fera si l'on suit la maniere de philosopher des Academiciens; & si l'on observe bien les loix, dont j'ay parlé dans mon Apologie. J'en apporte un exemple, &

je ne sçaurois mieux faire que de l'emprunter des Mathematiques. L'experience nous montre que les veritez d'Aritmetique & de Geometrie sont reçûës de tous les hommes de quelques Religions ou conditions qu'ils soient. En effet il n'y en a point qui ne reçoivent ces veritez, & qui ne fasse profession de se rendre à l'évidence : Au lieu qu'il y en a un grand nombre qui se rebuttent d'abord que l'on veut les soûmettte à un autre nom que celuy de la verité. Cela vient de ce qu'ils ont tous leurs auteritez particulieres, leurs traditions paternelles, les coûtumes de leurs païs. Et à cause de cela, ils refusent le joug de toutes les autoritez étrangeres ausquelles on voudroit les assujettir.

Ce sont ces autoritez particulieres qui produisent toutes les divisions dans le monde, & qui font combatre des Nations contre d'autres, pretendant injustement les soûmettre à leurs opinions. Au lieu que la verité évidente est la mere de la paix, & soûmet si bien les esprits qu'ils se plaisent à recevoir son joug, & viennent se réunir avec joye, éloignez de toute sorte de rebellion & de revoltes.

Veritas & pax osculatæ sunt.

J'avouë qu'il y a des gens qui ne veulent point se rendre à la verité & à l'évidence, & l'on pourroit fort bien leur dire qu'ils sont rebelles à la lumiere. *Vos estis rebelles lumini.* Mais ils agissent en bestes, & ils sont condamnez de Dieu & des hommes : *Judicium mundi factum est eo quod dilexerunt magis homines tenebras quam lucem ... qui facit veritatem, venit ad lucem.* Il les faut regarder comme des malades incurables, & l'on est

Job.

contraint

contraint de les laisser expirer dans leur folie, puisqu'ils ne veulent point qu'on leur ouvre les yeux, & se plaisent dans l'erreur. Aussi c'est par cette sorte d'animaux que le monde est troublé. Cela se reconnoit assez par la fâcheuse experience que l'on en fait tous les jours; & je ne m'arresteray point à prouver une chose qui est trop vraye & trop sensible.

Si donc l'on veut travailler à réünir les Esprits, il faut les ramener aux premiers principes & empescher qu'ils ne s'écartent en suivant des routes differentes, ce que l'on fera, en les obligeant de ne tirer aucune consequence de ces premiers principes, qui ne soit évidente & incontestable, comme dans les Mathematiques, où l'on experimente une paix admirable entre les Esprits.

Donc où les hommes connoistront la verité évidente, & ils seront unis: Car elle ne peut souffrir la contrarieté des sentimens à cause qu'elle est simple & unique; ou ils ne la connoistront pas, & ils seront encore unis; car, selon nos Academiciens, ils suivront unanimement & sans murmure, les loix communes de leurs païs. Au lieu qu'en jugeant sur de simples vray-semblances à la manieres des Dogmatistes, ils ne sçauroient manquer de former des opinions & des sentimens particuliers & contraires, qui produiront toûjours de la division. Et d'ailleurs s'ils s'abstenoient entierement de juger, tombant en cela dans une autre extremité, ils agiroient en aveugles.

CHAPITRE X.

Qu'il faut que chaque homme en particulier cherche la verité par luy-mesme, & que l'on ne doit point se prévaloir des recherches des autres.

IL est aisé à conclure, posé les veritez que nous venons de reconnoistre, que chaque homme en particulier doit travailler à s'éclaircir l'entendement par de bonnes & solides reflexions capables de luy manifester la verité ; & qu'il ne doit pas pretendre que les recherches des autres puissent perfectionner effectivement son esprit, à moins qu'il ne travaille, comme eux, & qu'il ne passe par les mesmes routes. Car apres tout, nostre perfection n'est point celle des autres, & celle des autres n'est point à nous. Cela est tres-évident ; car nos propres façons-d'estre ne sont point celles de quelqu'autre substance que la nostre. D'où il suit que si nous voulons perfectionner nostre esprit, il faut que nous en chassions l'ignorance particuliere qui y reside, ce que nous ne pouvons faire sans nous éclairer.

Et l'on ne doit pas conclure de là qu'il faille que nous soyons nostre lumiere à nous-mêmes, parce que nous nous trouvons éclairez par la speculation des veritez qu'il ne tient qu'à nous de considerer. Car nous ne sommes pas la cause efficiente des lumieres que nous recevons, quoy qu'il soit en nostre pouvoir d'empêcher que les veritez ne produisent ces lumieres dans nostre entendement. De mesme qu'il m'est libre d'ouvrir les yeux ou de les fermer, il m'est libre aussi de contempler des veritez ou de ne le point faire. Mais, comme je ne puis empescher que le soleil ne m'éclaire quand je le regarde, les yeux ouverts ; aussi je ne puis empêcher que ces veritez n'illuminent mon entendement lorsque je les conçois ; & cependant je ne suis point proprement la cause de ces lumieres, quoy que j'en sois le sujet.

Il ne faut donc point s'embarasser de ces équivoques. Je suis la cause subjective de ma lumiere, & j'en suis aussi la cause occasionelle ; mais je n'en suis point la cause efficiente ni primitive, & il n'est pas moins vray que ma lumiere intellectuelle est une façon d'estre de mon ame, qu'il est vray que la lumiere sensible que je vois par le moyen du soleil est aussi une façon d'estre de mon ame. Car enfin je suis autrement disposé, lorsque je suis éclairé soit sensiblement, soit intellectuellement, que je ne serois si j'estois privé de ces deux sortes de lumieres ; & avec tout cela, comme je ne me puis éclairer mes yeux, si le soleil sensible ne m'éclaire ; de mesme je ne puis éclairer mon entendement, si le soleil intellectuel qui est la raison éternelle ne repand en moy ce rayon de la divinité qui illumine tous les hommes.

Je dis donc, qu'il faut que tous les hommes de quelque âge, de quelque sexe, & de quelque condition qu'ils soient, cherchent (je ne dis pas toutes les veritez) mais quelques veritez, sçavoir celles dont la connoissance est necessaire. Par exemple, il faut que tout homme tâche de reconnoiftre les moyens d'arriver à la beatitude ; car il n'y a perfonne qui ne veüille eftre heureux. Il faut que tout homme tâche d'acquerir la fcience de Dieu, *Vani funt omnes homines in quibus non fubeft fcientia Dei* ; & c'eft pour cette raifon qu'un Pere a dit : *Oportet omnem hominem philofophari & hanc precipuam fonctionem ducere.* Car enfin puifque tout homme fe doit fervir de fa raifon, il n'y en a point qui ne doive tâcher de s'en bien fervir, & qui ne doive fçavoir, du moins. En quoy confifte fa veritable felicité : & fi quelqu'un ne fe met point en peine de cela, il n'eft pas mieux avifé que s'il fe condamnoit à fermer toûjours les yeux, parce qu'il pourroit avoir quelqu'un pour le conduire. Encore y a-t-il de la difference, entre la vûë fenfible & la vûë intellectuelle ; car outre que la vûë de l'efprit eft plus neceffaire que celle du corps ; c'eft que l'on peut s'affurer de trouver des gens capables de bien voir fenfiblement, & au contraire, on ne le peut, quand il s'agit de la lumiere de l'entendement, car on ne peut difcerner ceux qui ne la connoiffent pas, à moins qu'on ne la connoiffe foy-mefme : *Judicare enim quis fit fapiens vel maxime videtur effe fapientis.* Je veux qu'il y ait des gens, qui à caufe de leurs infirmitez ou de leur condition ne font pas fort propres au travail de l'efprit ; mais cela n'empefche pas qu'ils ne doivent s'y porter autant qu'ils peuvent & le plus qu'ils peuvent.

Il faut donc avoüer que l'Art de chercher la

S. Juftin. de Monarchia.

Autoritas non caret ratione cum judicatur cui fit credendum.
S. Aug.

vérité est le plus important de tous les Arts. Car outre que tous les autres le supposent, comme nous avons dit dans le Chapitre 5. c'est qu'il n'y a point d'homme au monde à qui il ne soit necessaire. Mais dans cet Art, il faut se rendre maistre, & le pouvoir exercer de soy-mesme. Du moins au sujet des principales veritez, qui sont celles qu'aucun homme raisonnable ne peut se dispenser de réconnoistre, il faut donc s'apprendre à marcher dans le chemin de la verité. Autrement on feroit la mesme chose que si l'on vouloit toûjours s'appuyer sur ces machines dont les enfans se servent pour se soustenir, lors qu'ils apprennent à marcher, & n'ont pas encore assez de force, pour affermir leurs pas.

CHAPITRE XI.

Qu'il n'est pas impossible que les hommes ayant reconnu la verité, la perdent de vûë avec le temps.

Moyen de conserver la verité dans le monde.

DE ce que nous avons dit dans les chapitres precedens il suit que les connoissances étant personnelles, chaque homme devant chercher la verité pour luy : les pertes sont si grandes, du moins en de certaines regions, qu'il ne s'y rencontre plus aucun sage, & que les veritez y deviennent aussi inconnuës qu'elles l'étoient avant qu'on les eût découvertes. Car enfin les hommes se succedent les uns aux autres, & la mort n'épargne pas plus les Docteurs que les ignorans

Nous voyons tomber tous les jours des têtes que les recherches d'un grand nombre d'années avoient remplies de connoissances profondes. Semblables à ces grands arbres qui ont fait les richesses, & l'ornement des plus beaux vergers, & qui renversez par terre, exposent tristement leurs racines aux yeux des spectateurs, aprés leur avoir donné des fruits en abondance. On voit ces hommes illustres qui ont long-temps soûtenu l'honneur des autres hommes, & rendu des oracles parmi les mortels, se changer en un moment en cadavres, objets du rebut & de l'aversion des vivans. Telle est l'injustice des temps, & l'on rencontre trop souvent de ces siecles infortunez où les sciences abatuës ne respirent presque plus, & ne sçauroient qu'à peine défendre leur nom de l'oubli fatal qui envelope toutes choses dans le néant.

Avec tout cela, nous pouvons dire que nôtre siecle ne nous donne point ainsi sujet de nous plaindre; au contraire, on se souviendra d'un regne où les plus heureuses découvertes ont redoublé les trefors des sciences, par les soins de ces celebres Societez & Academies, qui pourront transmettre aux siecles à venir les plus riches monumens, que des particuliers tâcheroient en vain de conserver. Mais quelque avantage que nous ayons pardessus nos predecesseurs, nous ne devons pas néanmoins nous flatter de pouvoir inspirer nôtre science à ceux qui viendront aprés nous : car il est nécessaire que chaque homme en particulier cherche la verité pour lui même.

Voici néanmoins tout ce que l'on peut faire pour défendre la verité des injures des temps, & la conserver parmi les hommes. Il faut traiter la science par les premiers principes, à la maniere de nos Philosophes. Car il n'y a point d'homme qui n'apporte au monde une table rase, ou qui ne puisse du moins nétoïer son esprit, & le purger de tous les préjugez ; & cela étant, il n'y en a point qui ne puisse être conduit par les premiers principes.

Il est vray que l'on méprise ordinairement les veritez generales ; mais comme nous avons vû *, il faut que l'on s'accoûtume à faire le contraire, & que l'on ne se rebute point de lire & relire les livres qui conduisent ainsi avec ordre aux plus grandes connoissances. Ce sont ces sortes d'ouvrages que l'on doit conserver avec soin, car c'est là où l'on met, comme en dépôt, les plus solides veritez, afin que les hommes les retrouvent. Néanmoins on voit de certains esprits délicats qui rebuttent ordinairement les écrits dans lesquels ils rencontrent des choses qu'ils sçavent déja : mais cette délicatesse est déraisonnable, pour ne pas dire, ridicule ; car premierement ils doivent considerer que l'on n'écrit pas pour eux seuls, & qu'il faut toûjours avoir en vûë le plus grand nombre des lecteurs : en second lieu, ils ne doivent point ignorer qu'il est impossible de leur apprendre aucune chose, sans les obliger de faire reflexion sur des veritez qu'ils connoissent déja. Car en effet, il faut leur prouver par quelques principes,

* chapitre 2.

ce que l'on veut leur infinuer dans l'efprit, c'eſt à dire, par des veritez qu'ils reconnoiſſent déja. L'Art de la Philoſophie confiſte à faire voir que de certaines conſequences ſont recevables, parce que l'on reçoit d'autres choſes, avec leſquelles elles ont une liaiſon neceſſaire, & pour cela il faut expoſer à la vûë de l'eſprit & les principes, & les conſequences.

CHAPITRE XII.

Ce que l'on cherche quand on cherche la verité.

LE commun des hommes, & les gens ſans lettres ne ſe figurent pas qu'il y ait d'autres veritez à chercher que celles des paroles; ils s'imaginent que nos idées ſont toutes vrayes; juſques là qu'ils penſent connoître les choſes en elles-mêmes: ce qui fait qu'ils ne ſçavent ce qu'on leur dit, lors qu'on leur propoſe de chercher la verité. Mais il faut qu'ils apprennent que bien loin de connoître les choſes en elles-mêmes, nous ne ſçavons pas ſeulement ſi les idées que nous en avons naturellement, les repreſentent telles quelles ſont veritablement. De ſorte qu'il ne ſuffit pas de ſçavoir dire les choſes comme on les penſe; mais il eſt encore neceſſaire d'en penſer ce qui en eſt. En effet, la verité que les Philoſophes cherchent eſt celle des idées, ſans quoy nous ne pouvons juger certainement de la nature des êtres qui ſont hors de nous, non plus que de nôtre propre nature. Il faut corriger nos ſens qui nous trompent en une infinité de manieres, & il faut appercevoir par l'eſprit

& par la lumiere de la raison, des choses insensibles que nos yeux ne sçauroient découvrir. En un mot, tout homme qui juge, doit sçavoir si son jugement est vray ou faux, & il doit prendre garde de se tromper en prenant la simple vrai-semblance pour la verité même.

Mais parce que la plûpart de ceux qui cherchent la verité, ne sçavent pas assez quel est l'objet de leur recherche, il est necessaire de faire ces reflexions.

D'abord il faut sçavoir que tous ceux qui cherchent, doivent avoir quelque idée de ce qu'ils cherchent; autrement ils ne pourroient connoître s'ils l'auroient trouvé, ou non. Effectivement quand on ne sçait où l'on doit aller, ni quelle est la fin que l'on se doit proposer, on ne peut choisir les moyens les plus propres pour y arriver. Je dis que l'on doit avoir quelque idée de ce que l'on cherche; car il n'est pas necessaire d'en avoir d'abord une idée exacte & parfaite : mais c'est assez que l'on puisse distinguer ce que l'on cherche, & ce que l'on ne cherche pas ; cela posé, on peut dire que les Philosophes cherchent trois choses en cherchant la verité.

La premiere est une marque certaine & infaillible de la verité que les Anciens appelloient le *Criterium* general de la verité.

La seconde est la connoissance des choses qui sont hors de nous, & c'est le *Criterium* particulier.

La troisiéme est un ordre necessaire entre nos connoissances, afin de sçavoir la connexion que les veritez ont entr'elles, & cela est proprement chercher un système universel & infaillible.

Voilà les trois choses que l'on cherche, soit qu'on le fasse separément, soit qu'on se propose de les trouver toutes trois, & cependant il faut remarquer que la verité que les Philosophes cherchent le plus communément, est celle des choses qui sont hors de nous.

On pourroit dire aussi chercher des veritez, aussi-bien que chercher la verité ; & nous voyons que Ciceron, S. Augustin, & plusieurs autres ont dit souvent, chercher le vray, pour chercher la verité, *veritatem investigare*. Mais l'un revient à l'autre ; car chercher le vray, n'est autre chose que chercher la verité en des questions particulieres. Et il ne faut pas s'embarrasser de ces façons de parler, puis qu'enfin on les peut employer également bien, pourvû que l'on s'entende. Je sçay que l'on pourroit dire que Sextus Empiricus distingue expressément ces façons de parler ; mais, ou sa distinction est mal expliquée dans l'endroit où il en parle, ou il s'est glissé quelque faute dans son texte. Quoy qu'il en soit, chercher la verité, ou chercher le vray, se peut entendre non seulement pour chercher la marque de la verité, soit generale, soit particuliere, mais encore pour chercher ce qu'il y a de vray en quelque question que ce puisse être. Ainsi l'on cherche la verité lorsque l'on étudie, car on ne le fait qu'afin de reconnoître quelque verité, & d'apprendre si l'on doit recevoir ou l'affirmative, ou la negative de quelque proposition. En un mot, tout examen que l'on fait pour discerner la verité de la fausseté en quelque sujet que ce puisse être, est une recherche de la verité. Les Theologiens cherchent la verité dans les choses divines, & les Philosophes la cherchent dans les choses naturelles.

Mais quoique l'on puisse dire que l'on cherche la verité en toute sorte d'études, soit pour ce qui regarde la pure speculation, soit pour ce qui regarde la pratique & les Arts, dans lesquels on cherche de pouvoir effectuer veritablement ce que l'on veut ; néanmoins il faut bien distinguer ces trois vûës dont je viens de parler, afin d'éviter les équivoques, dans lesquelles la plûpart des Auteurs se laissent tomber.

Or la premiere de ces recherches se peut terminer en cette vie. La seconde se peut aussi terminer : mais la troisiéme ne se peut achever en cette vie, à moins que Dieu ne le fasse, par le moyen d'une science infuse, & avec tout cela, ce n'est que par accident que cela ne se peut : c'est aussi à l'égard de cette troisiéme que l'on peut dire plus particulierement, *Ars longa, vita brevis.* Car il est tres-difficile, pour ne pas dire impossible, de connoître toutes les veritez que l'on peut connoître, & de n'en avoir plus aucune à chercher ; quoique néanmoins on se puisse former un systême fort étendu, qui contiendra un tres grand nombre de veritez considerables. Mais il faut commencer auparavant par terminer & accomplir la premiere & la secon-

Dissertat. Liv. III. Des Principes de recherche. Nous allons expliquer plus particulierement en quoy elles consistent.

Premierement il faut sçavoir que nous ne cherchons pas l'idée generale de la verité, autrement nous tomberions dans le diallele que les Sceptiques ont remarqué: car si nous n'avions point l'idée generale de la verité, il nous faudroit un autre *Criterium*, pour sçavoir si celui que nous voudrions employer, seroit le veritable, & il en faudroit encore un autre pour juger de ce second. Ce qui nous conduiroit à l'infini ; il faut donc que nous ayons quelque idée generale de la verité ; autrement il seroit inutile pour nous de la chercher, ne pouvant jamais sçavoir quand nous l'aurions rencontrée, ou non.

Et l'on ne doit pas conclure neanmoins que nous ayons cette idée, parce qu'elle nous est necessaire, autrement ce seroit entrer dans une petition de principe, mais cela se manifeste par cette induction. Nous connoissons quelque verité, & par consequent nous connoissons la verité en general. Par exemple, nous connoissons que les deux côtez d'un triangle joints ensemble composent une ligne plus grande que le troisiéme côté ; nous sçavons que 2. & 3. trois font plus que 4., & que le quarré de l'hypothenuse d'un triangle rectangle est egal aux quarrez des deux autres côtez. Nous sçavons ces choses, & nous les sçavons d'une maniere certaine, étant imperturbables dans ces sentimens. Il est vrai que l'on pourroit dire avec les Sceptiques, que ces veritez n'auroient lieu que dans nôtre esprit, & non point hors de nous. Mais il ne s'agit pas icy du *Criterium* particulier des choses qui sont hors de nous ; il suffit de pouvoir être certain que ces veritez sont immuables, & de sçavoir que soit qu'il y ait des triangles hors de nôtre pensée, soit qu'il n'y en ait point, ou même qu'il n'y en puisse avoir, il est necessaire qu'ils ayent ces proprietez. Nous distinguons donc bien entre de semblables propositions, deux & deux font quatre, & deux & deux ne font pas quatre ; car nous reconnoissons avec tout le reste des hommes que l'une nous semble être necessairement vraye, & l'autre necessairement fausse. C'est ce que les Sceptiques n'ont pas osé nier. *Apparere concedimus, ambigimus autem de eo quod res sit*, & cependant il faut avoüer que nous avons quelque idée de verité tant generale qu'elle soit, parce qu'en un mot, si nous connoissons quelque espece de verité, il faut que le genre nous soit connu : ainsi qui connoît un triangle isoscele, connoît en general ce que c'est que triangle. Cela est de la derniere évidence, & chercher à éclaircir davantage ces choses, ce seroit chercher à éclaircir la lumiere : aussi tous les Philosophes en demeurent d'accord, comme nous verrons ; & qui dit un Philosophe, dit un homme qui cherche la verité, & qui suppose par consequent qu'il a quelque idée de ce qu'il cherche, quelque abstraite & generale qu'elle puisse être. Mais ce qui manque en cela, & ce que l'on cherche à l'égard de ce *Criterium* general, c'est le moyen de le concevoir distinctement, & d'en pouvoir tracer un crayon, dont tous les hommes conviennent, c'est de bien caracteriser cette idée, & de pouvoir enseigner l'Art de la reconnoître. Je dis l'Art de la reconnoître, car nous avons une certaine adresse naturelle qui nous sert au défaut d'une science parfaite : *habemus solertiam quandam, non Artem*. C'est donc cet Art que nous cherchons, & que nous esperons de trouver, de même que l'on a trouvé les autres Arts pour la conduite de la vie, & la production de quantité d'ouvrages admirables.

Cette idée generale se rencontre dans nôtre esprit, mais elle n'y paroît pas toûjours dans toute sa pureté ; nous confondons quelquefois la verité avec la vrai-semblance. Et d'autre part nous n'aurions pas mêmes l'idée de la vrai-semblance, si nous n'avions celle de la verité ; car l'une de ces idées suppose l'autre. Par exemple, on ne peut dire, si un certain métal ressemble à de l'or, à moins que l'on n'ait l'idée de l'or : ainsi pour sçavoir si quelque proposition semble être vraie, il faut que nous sçachions du moins en une seule chose, ce que c'est que d'être vray. Jusques-là que si tout ce que je viens de dire étoit faux, il seroit encore vray que cela seroit faux ; & si nous doutions si cela le seroit, il seroit encore vrai que nous en douterions ; or nous reconnoîtrions que cela seroit vrai. D'où il suit que nous ne pouvons être, sans avoir quelque idée de verité. Cette idée éclate quelquefois dans nôtre entendement ; mais semblable à ces lumieres fuïantes qui échappent quand on veut les regarder de prés, son éclat disparoît & s'éteint au milieu des contradictions, comme une flamme agitée par des vents contraires, ou comme des éclairs qui se perdent en un moment dans le corps d'une nuë. C'est ainsi que l'idée de la verité semble se perdre au milieu de nôtre esprit: & cela vient de la volubilité de nos pensées qui ne sont point fixes, & qui se succédent avec tant de promptitude, que nous les perdons au moment qu'elles commencent de naître. Ajoûtons que la fausse érudition, aussi-bien que les phantômes des sens contribuënt encore à nous dérober le jour que cette idée lumineuse devroit répandre dans nôtre entendement. C'est peut-être ce qui a fait dire à Democrite, que la verité étoit dans un puid, dont les Philosophes tâchoient de la tirer: en effet, l'esprit humain ressemble bien à un puid, dont il est difficile de sonder la profondeur.

En second lieu, nous avons à cercher la connoissance des choses qui sont hors de nous, & c'est le but le plus ordinaire de la plûpart des Philosophes, parce qu'ils sçavent bien que cette connoissance leur est importante, soit pour pouvoir juger de la nature de nôtre ame, soit pour se servir de ces choses en les disposant d'une maniere avantageuse: or c'est ce que l'on ne peut bien faire, à moins que l'on ne reconnoisse en quoy consiste leur nature.

Enfin, pour ce qui regarde la troisiéme chose que l'on cherche, quand on cherche la verité, nous observerons que ce n'est pas de trouver quelques veritez détachées, mais c'est de former un ordre de connoissances dépuis les premiers principes, qui ne soit point interrompu, & c'est proprement ce que l'on pourroit appeller le système de la verité. On voit assez combien cela est important, soit pour la construction des Theoremes de la Philosophie démonstrative, soit pour la resolution des plus grandes difficultez.

Voilà ce que les Philosophes doivent chercher, & il étoit necessaire de bien distinguer ces trois sortes de recherches, parce qu'ordinairement on s'embarrasse là-dessus dans des équivoques.

Il faut à cette heure que nous voïons quelles sont les regles que les Academiciens faisoient profession d'observer en cherchant la verité de cette triple maniere.

CHAPITRE XIII.

De l'Art de douter.

ON sçait assez qu'il faut sortir du doute pour avoir de la science, mais peu de personnes font reflexion à l'importance qu'il y a de n'en point sortir plûtôt que l'on ne doit. Car il y faut demeurer comme dans un poste qui nous met à couvert contre les préjugez & les erreurs, jusqu'à ce que la verité évidente nous en fasse sortir.

Cependant, parce que l'on n'est point accoûtumé à demeurer dans le doute, on en sort si promptement, & l'on s'échappe si imperceptiblement, que l'on est déja fort éloigné quand on commence à appercevoir que l'on en est sorti. C'est ainsi que l'on voit des Philosophes sauter tout d'un coup de l'affir-

de la Philosophie des Academiciens. 137
mation à la negation, & de la negation à l'affirmation : au lieu qu'ils devroient demeurer dans le doute, & se dire à eux-mêmes : Je ne sçais point encore si cela est vrai, ou si cela est faux. Vous pensez, disoit un certain, que l'on ne doit pas assurer que les Anciens n'aient point connu la verité, il faut donc assurer qu'ils l'ont connuë ? Non, il ne faut pas assurer qu'ils ne l'ont point connuë, & l'on ne doit pas assurer non plus qu'ils l'aient connuë, il en est de même que si on demandoit à un homme : Dites-vous qu'il pleuvra le treiziéme jour de Novembre de l'année 1695 ? Il pourroit fort-bien répondre ; Non, je ne le dis pas, ... Vous dites donc qu'il pleuvra ? Non, je ne dis pas qu'il pleuvra ; car effectivement je ne sçais s'il pleuvra ce jour-là, ou s'il ne pleuvra pas, & cependant je sçais qu'il arrivera l'un ou l'autre. C'est ainsi qu'il faut que nous doutions de plusieurs choses qui font l'objet de la recherche des Philosophes.

Mais ce qui porte les hommes à sortir du doute avant le temps, c'est qu'ils sont accoûtumez à prendre parti, lors qu'ils déliberent au sujet de quelques actions particulieres de la vie. Ils s'imaginent qu'après avoir examiné les raisons contraires ; il faut qu'ils se rangent du côté des plus vrai-semblables. Mais ce n'est pas ainsi qu'ils se doivent conduire en matiere de science ; car ils ne doivent pas se déterminer eux-mêmes. C'est l'évidence de la verité qui les doit déterminer indépendamment de leur volonté, & quelquefois malgré eux ; par exemple, quoi qu'un Philosophe souhaite ardemment qu'une certaine chose qu'il aura avancée soit vraie, néanmoins si une experience, ou une raison invincible lui prouve le contraire, il doit se rendre, quelque repugnance qu'il y ait. Or il faut que nous tâchions de surmonter la mauvaise habitude que nous avons contractée dés nôtre enfance à prononcer presque sur toutes choses, pour l'affirmative ou pour la negative. Car enfin s'il le faut dire ainsi, nous sommes dogmatistes dés le ventre de nôtre mere, & nous apportons en naissant la hardiesse de juger de toutes choses. Aussi les femmes, les enfans & les gens sans lettre sont plus affirmatifs que les Philosophes; les jeunes gens le sont plus que les personnes âgées, & les ignorans que les testes consommées en science & en érudition. Il n'y a rien de si déliberé que l'esprit de la pluspart des hommes; leurs actions suivent avec rapidité la promptitude de leurs jugemens, de même que s'ils étoient éclairez de la plus vive lumiere d'une science infaillible. Mais cette impetuosité ne s'accorde pas avec les mouvemens reglez d'une raison tranquille & bien conduite. Voila neanmoins la disposition dans laquelle nous naissons. Tout est préjugé dans l'homme, tout y est présomption, il n'y a pas jusqu'au moindre de ces membres & jusqu'à la plus petite partie de son corps qui ne se mesle de juger du bien & du mal, du plaisir & de la douleur : Ah! qu'un Ancien avoit bien raison de s'écrier, ô *homo audacissimæ naturæ artificium!* Mais il faut sçavoir que ce n'est point à nous, à nous déterminer dans les jugemens de la verité. Nous n'y devons rien aporter de nôtre part; & nôtre esprit ne doit point ressembler à ces verres pleins de taches qui couvrent un objet de leurs propres defauts. Nous ne sçaurions mieux faire que de ne rien ajoûter à nôtre détermination non plus qu'une balance bien juste n'ajoûte rien à la force des poids dont elle est chargée. La verité est plus belle toute simple, qu'étant chargée des couleurs dont nous pensons l'embellir. Sa lumiere en est alterée par le meslange des ombres dont elles sont composées. Il ne sert donc de rien de nous presser de sortir du doute avant que l'évidence l'ordonne, & si nous ne voulons aller à la verité par le chemin de la verité, nous en prenons un autre qui nous en éloigne infiniment.

C'est ce qu'Aristote a tres-bien dit au commencement de sa Metaphysique. *Est autem operæ pretium aliquid facultatis habere volentibus bene dubitare; nam posterior facultas solutio est eorum quæ antea dubitata fuerint: solvere autem non est cum nodus ignoretur. Sed intellectus hæsitatio manifestum hac de re facit; quatenus enim dubitat eatenus, simile quiddam ligatis patitur; utroque namque modo impossibile est ad ulteriora procedere. Quare omnes primo difficultates speculari par est & hujus gratia, & propterea quod illi qui quærunt, nisi primo dubitent, similes sunt illis, qui, quo-nam ire oporteat, ignorant & adhuc neque utrum invenerint quod quæritur an non, cognoscere possunt: finis enim iis quidem non est manifestus; illi autem qui antea dubitavit patescit. Item melius se habere necesse est ad judicandum qui tanquam adversarios omnes hinc & inde rationes oppositas audiat.*

Ce n'est donc pas d'aujourd'huy que l'on a dit que l'Art de douter est d'une extrême importance, puisqu'on ne peut s'exemter de l'erreur ni des préjugez si l'on ne sçait le mettre en pratique autant qu'il faut. En effet, toutes les fois que l'on se trompe cela vient de ce que l'on cesse de douter plûtôt que l'on ne devroit.

On peut aussi tomber dans un autre defaut, sçavoir lors que l'on ne cesse point de douter quand on le doit. Mais avec tout cela il vaut encore mieux que l'on manque en doutant trop, qu'en affirmant plus qu'on ne doit. Car en doutant on ne s'expose point à l'erreur comme l'on fait quand on affirme temerairement, & l'on ne se hasarde pas à condamner les sentimens des autres. On ne persecute personne dans la pensée de combattre des faussetez, & l'on évite les querelles qui troublent le repos des hommes, & les animent les uns contre les autres plûtôt pour deffendre leurs opinions, que pour donner lieu à un zele sincere pour la verité. Enfin il faut toûjours douter, pour ce qui concerne les matieres de science, jusqu'à ce que l'on reconnoisse qu'il soit impossible de concevoir que la contradictoire de la proposition que l'on examine, soit vraye.

CHAPITRE XIV.

Que l'on ne doit point cesser de chercher la verité, à moins que l'on ne l'ait trouvée évidamment.

ON ne doit pas dire comme quelques-uns qu'il y a de deux sortes d'évidence, sçavoir une évidence veritable & une évidence apparente, autrement c'est abuser du mot d'évidence, & il y auroit encor la même question à faire pour sçavoir distinguer entre l'évidence apparente & l'évidence réelle. Mais on peut dire que l'on doit obtenir le dernier degré d'évidence avant que de cesser de chercher la verité. Or connoistre avec le dernier degré d'évidence, c'est connoistre si bien & si invariablement que l'esprit ne puisse desirer une connoissance plus évidente. Par exemple, nous connoissons évidemment que 2 & 2 font quatre, & que les deux côtez d'un triangle joints ensemble font une ligne plus grande que le troisiéme côté tout seul. Et nous voyons bien qu'en cela il nous est impossible de concevoir que le contraire soit vray. Jusques là que les Sceptiques n'ont pas osé nier que ces apparences ne fussent invincibles à nôtre égard; mais ils ont seulement douté si c'étoit autre chose que des persuasions invincibles. Mais soit que ce ne soit que de simples persuasions, soit que ce soit des réalitez, il est pourtant vray que nôtre esprit ne sçauroit arriver à de plus grandes évidences ni certitudes. Cependant il est constant que nous avons toûjours à chercher jusqu'à ce que nous soyons parvenus à ce degré suprême de connoissance, & que tout ce qui n'est point évident est sujet à être mis en doute; parce que tout ce qui enferme quelque obscurité laisse encor l'esprit en état d'examiner & de tenter, il peut encor hesiter. Il en est de même de l'évidence de l'esprit que de celle de la vûë corporelle; quand nous voyons si clairement un objet, que nous en distinguons bien toutes les parties, & ne pouvons les confondre, alors nous avons l'évidence que nous pouvons attendre de la lumiere corporelle. Il faut concevoir la même chose de la part de la lumiere intellectuelle. Quand je conçois si bien une chose que je ne la puis concevoir autrement, ni hesiter dans la conception que j'en ay, je puis dire alors que je la connois évidemment. Or de cesser de chercher avant que l'on ait trouvé évidemment la verité, c'est cesser de chercher avant que l'on ait trouvé ce que l'on cherche : & c'est ce que l'on ne peut faire sans une imprudence manifeste. Donc il ne faut point cesser de chercher que l'on n'ait trouvé la verité évidente.

Mais quoy! dira-t-on, n'y a-t-il rien de certain que ce qui est évident? & ne sommes nous pas assurez qu'il y a des Antipodes quoy que nous n'ayons jamais vû ces peuples? Pour répondre à cela il faut observer que le mot de certain est équivoque, & si par ce mot on veut dire que nous sommes persuadez fortement comme d'une chose dont nous ne doutons point, qu'il y a des Antipodes : cela est vray, mais il ne s'ensuit pas que nous n'en puissions douter. Autre chose est de ne point douter actuellement, & de pouvoir douter absolument d'une chose ; car il se peut que l'on n'en doute point, & que l'on en puisse douter absolument parlant : en effet, il n'est pas impossible de douter qu'il y ait des Antipodes, puis qu'effectivement on en a douté autrefois ; & quoy que moralement parlant j'en sois si persuadé que je n'en puisse douter raisonnablement, il se peut faire neanmoins que j'en doute absolument parlant, & comme l'on a coûtume de dire d'un doute metaphysique.

Il faut donc être assuré que l'on ne doit point cesser de chercher la verité qu'on ne l'ait trouvée dans toute l'évidence qui est necessaire pour acquerir une veritable science; & nous verrons en son lieu comment nous pourrons arriver à ce degré de lumiere.

CHAPITRE XV.
De la maniere de disputer des Academiciens.

IL faut sçavoir à cette heure qu'elle étoit la maniere de disputer que les Academiciens mettoient en usage, & comment ils se gouvernoient dans leurs contestations contre les Dogmatistes.

Premierement, ils observoient exactement de ne point dogmatiser quand il s'agissoit de détruire. Et à cause de cela, l'on s'imaginoit qu'ils vouloient renverser le *pour* & le *contre*. Quoy qu'effectivement ils n'eussent pas dessein d'établir aucune verité, ni de démontrer la fausseté positive des propositions qu'ils combatoient. C'étoit assez pour eux de détruire les préjugez, & de renverser les opinions mal fondées, *animum purgare vanis pravisque opinionibus*. Mais comment auroient-ils pû détruire positivement le pour & le contre, & faire voir deux contradictions également fausses? cela ne se peut, & aussi jamais ils n'ont entrepris de le faire; donc tout ce qui resultoit de leurs preuves, étoit que les Dogmatistes auroient mal étably leurs sentimens, aussi bien suivant l'affirmative, que suivant la negative. Il faut donc prendre garde qu'il n'est pas impossible qu'une chose soit tres-vraye quoy qu'elle soit mal prouvée; & qu'il est necessaire que toute assertion de Philosophie soit bien démontrée,

S. Augustin, de Academicis. lib. 2.

comme prétendoient les Academiciens. On les entendoit souvent dire ὐδὲν μᾶλλον, *nihilo magis certum est hoc quam illud.*

En second lieu, quand ils disoient qu'ils doutoient de tout, cela devoit seulement s'entendre de toutes les propositions affirmées par les Dogmatistes. Mais en cela il faut encor observer qu'il y a bien de la difference de douter de ces assertions & de les nier. De sorte que les Academiciens n'auroient eu autre chose à dire aux autres Philosophes, sinon, prouvez nous bien ce que vous dites & faites-nous le bien concevoir. Cependant les Dogmatistes, qui n'étoient point acoûtumez à tenir leur jugement en suspens, rangeoient toûjours nos Philosophes dans le parti de leurs Adversaires. Les Stoïciens vouloient qu'ils fussent Epicuriens, & les Epicuriens qu'ils fussent Stoïciens. De sorte qu'il n'y a point eu de Philosophes plus mal interpretez. Mais au lieu de dire qu'ils nioient toutes choses & qu'ils avoient renoncé à toute sorte de sciences, il falloit seulement dire qu'ils avoient renoncé à toute sorte de préjugez & de vaines assertions.

Voilà ce que l'on doit remarquer touchant les premiers Principes, *in ipso Philosophiæ limine*, en suivant les loix dont j'ay suffisamment parlé dans mon Apologie. On sçait d'ailleurs que la Phisique, la Morale & les autres parties de la Philosophie ont leurs principes particuliers, & nous en traiterons séparément.

A Paris, de l'Imprimerie d'Antoine Lambin. 1691.   *Avec Privilege du Ry.*

LIVRE TROISIÉME,

Où l'on raporte les dogmes des Academiciens.

Chapitre Premier.

Que la maniere de philosopher des Academiciens est la meilleure.

L est certain que la meilleure maniere de philosopher, est de ne se fonder que sur des Principes incontestables, & de n'en tirer que des conséquences necessaires : Or telle est la maniere de philosopher des Academiciens : donc c'est la meilleure. La majeure de ce Syllogisme est évidente, & pour ce qui est de la mineure, j'ay déja montré que les Academiciens rejettoient toutes les propositions qui n'étoient point évidentes & necessaires. C'est ce que j'ay remarqué sur tout en parlant de l'Art de douter dans le 13. chapitre Liv. II. Donc il faut avoüer que la maniere de philosopher des Academiciens est la meilleure.

Mais pour reconnoître encore plus facilement cette verité ; il n'y a qu'à voir les loix que ces Philosophes faisoient profession d'observer, qui sont proprement les Loix du bon sens. Et quoy que j'aye déja parlé de ces Loix dans mon Apologie, je ne dois pas neanmoins m'exenter de les raporter icy : tant parce qu'elles sont trop essentielles, que parce qu'il faut faire voir le raport qu'elles ont avec des Theorémes que j'ay ensuite démontrez.

Premiére Loy des Academiciens,
Ne se conduire que par démonstration, en matiere de Science.

Seconde Loy.
Ne point agiter les questions que l'on voit bien ne pouvoir décider.

Troisiéme Loy.
Avouer que l'on ne sçait pas les choses que l'on ignore effectivement.

Quatriéme Loy.
Discerner les choses que l'on sçait de celles que l'on ne sçait pas.

Cinquiéme Loy.
Chercher toûjours des connoissances nouvelles.

La premiere de ces Loix est une conséquence ou un Corollaire de la proposition que j'ay démontrée au second Livre, chapitre 14. où je prouve qu'on ne doit pas cesser de chercher la verité, à moins qu'on ne l'ait trouvée évidamment ; & aussi de la verité démontrée dans le chap. 13. Liv. 3. où je déclare que l'on doit toûjours douter jusqu'à ce que l'on ait reconnu que la chose qu'on examine est nécessairement vraye, & qu'il est impossible de la révoquer en doute. C'est cette Loy qui sépare les Academiciens des Dogmatistes.

La seconde Loy sert à regler l'étude de la

verité, en commençant par les Principes ; parce que sans avoir résolu les Principes, on ne peut décider les conséquences. Ce n'est pas que l'on ne puisse combatre les propositions préjudicielles que les Dogmatistes soûtiennent sans démonstration : car on le peut, parce qu'on ne fait en cela que combatre des préjugez, soit dans le *pour*, soit dans le *contre*. Mais c'est que l'on ne doit point agiter des questions que l'on voit bien ne pouvoir encore décider, quelque curieuses ou importantes qu'elles soient : parceque cela engage à des disputes interminables, & qu'il n'en peut resulter aucune veritable décision. Il faut encore observer que l'on peut réduire des conséquences immédiates à leurs principes : & cela se fait par Analyse, en descendant des conséquences les plus éloignées vers les principes les plus anterieurs ; ce que l'on appelle, aller des seconds principes aux premiers ; jusqu'aux veritez indémonstrables, qui sont les racines de toutes les Sciences : Ainsi les Geometres peuvent bien mesurer des Parallélogrammes par des triangles, & des Triangles par des lignes, quoy qu'ils ne puissent encore résoudre les difficultez qu'il y a à supposer des points indivisibles ou des lignes divisibles à l'infini. De même on peut traiter la science de l'équilibre des Liqueurs sans sçavoir démonstrativement quelle est la cause de la pesanteur en general. Mais, par exemple, les Logiciens ne doivent pas soûtenir qu'ils ont des connoissances véritables, parce qu'ils ont des Syllogismes dont les conclusions sont bien déduites de leurs prémisses ; car à moins que leurs prémisses ne soient vrayes, le plus exact de tous leurs Syllogismes conclura une fausseté.

Or pour sçavoir si ces prémisses sont vrayes, il les faut téduire à leurs principes, & résoudre premierement les difficultez qui pourroient empécher que l'on n'en fist des jugemens évidens & solides. En effet, la verité des raisonnemens suppose celle des jugemens; & celle des jugemens, celle des idées, ou premières conceptions. De plus, on peut encore agiter les questions dont on ne voit pas que la décision soit impossible, & c'est pour cela que la Loy porte ces mots, *que l'on voit bien ne pouvoir décider*. Enfin on doit rejetter les questions dont la décision est audessus de l'esprit humain; & aussi celles qui dépendent de certaines causes libres ou contingeantes, sur lesquelles on ne peut rien appuyer de certain. Autrement on perd le temps à disputer, on fait des divisions entre les Esprits, & l'on s'embroüille de difficultez.

La troisiéme Loy regarde la bonne foy de ceux qui font profession de philosopher, & elle leur enseigne à ne point tromper les autres en voulant paroître plus sçavans qu'ils ne sont. On voit bien encore qu'elle est du bon-sens, qui ne souffre point de tromperies, étant une source de sincerité & de verité. Or nos Academiciens sur tout autre, faisoient profession d'observer cette Loy, eux qui avoüoient franchement leur ignorance, (pour ne pas dire qu'ils souffroient mêmes de passer pour ignorans en des choses où ils avoient de la science) & cela, pour se tenir en état de recevoir des lumiéres, dont on est incapable lors qu'on soûtient opiniâtrement qu'on sçait ce qu'on ne sçait pas.

La quatriéme Loy n'est pas de moindre importance: car si l'on veut avoir l'esprit clair &

net, il ne faut pas que l'on confonde les veritez avecque les fausseterz, ni les choses incontestables & certaines, avecque celles qui sont douteuses & obscures. Or il est trop évident que cette Loy est de fort bon-sens ; & d'ailleurs elle a une tres-grande étenduë : parce qu'il y a plusieurs questions où l'on trouve de la clarté en un point, & de l'obscurité en un autre : & c'est ce que l'on doit distinguer, comme l'a fort bien remarqué M. Descartes.

Elle est aussi tres-avantageuse, car quand on commence a bien distinguer ce que l'on sçait de ce que l'on ne sçait pas, on trouve que l'on a beaucoup plus de connoissances certaines que l'on ne pensoit auparavant. On développe ses idées & on les met en bel ordre.

Enfin la cinquiéme Loy est l'accomplissement de la troisiéme recherche dont j'ay parlé, Liv. 2. chap. 12. Car cherchant toûjours des connoissances nouvelles & le faisant par ordre, on enrichit de plus en plus le systeme de la verité. On porte le bon-sens le plus loin que l'on peut, & l'on goûte enfin les fruits que l'on a cultivez, en travaillant sur les principes, ce qui fait l'accomplissement & la perfection de la bonne & veritable Philosophie.

Cependant il est si important de bien observer toutes ces Loix, que parce qu'on y a manqué, & que l'on y manque encore tous les jours, on ne produit que de faux systêmes, & l'on jette de la confusion dans les esprits, on les divise, & l'on fait naître autant de Philosophies differentes qu'il y a de genies differens entre les hommes.

Chapitre II.

Que les Academiciens ne doutoient pas de toutes choses, & qu'ils avoient des dogmes.

JUsques-icy, dira quelqu'un, les Academiciens ont été regardez comme des gens qui deseſperoient de connoître la verité, & faiſoient profeſſion de détruire toutes les Sciences : & il eſt étrange que l'on nous vienne dire à cet-heure, que non ſeulement ils ne deſeſperoient point de la reconnoître ; mais encore qu'ils avoient des Dogmes. C'eſt ainſi qu'un Carteſien, & pluſieurs autres encore, en ont parlé, aprés quelques Anciens, qui ont donné lieu à cette erreur.

Mais premierement, je dis que l'on doit déja être aſſuré que Platon & tous les Academiciens de l'ancienne Academie, ont reconnu pluſieurs veritez comme certaines, & qu'ils ont eu des Dogmes. Et effectivement ce n'eſt point à l'égard de ces premiers Academiciens que l'on a parlé de cette maniere. Car on a toûjours reconnu que ces Philoſophes n'avoient pas douté de toutes choſes. C'eſt ce que Ciceron affirme en ces termes ; *Horum è numero*, ſçavoir du nombre de ceux que l'on diſoit avoir douté de tout ; *tollendus eſt Plato.... quia reliquit perfectiſſimam Diſciplinam, Peripateticos & Academicos nominibus differentes, re congruentes.* Il dit encore la même choſe en pluſieurs endroits : de ſorte qu'on peut déja être aſſuré que Ciceron a été aſſez perſuadé que ce chef de la premiere Academie avoit reconnu pluſieurs veritez & enſeigné pluſieurs dogmes. Sextus Empiricus en a fait le même jugement, *ex his quæ diximus manifeſtum eſt Platonem, etiamſi de rebus aliquibus dubitet, tamen quia in quibuſdam de eſſentia re-*

de la Philosophie des Academiciens. 151
rum pronuntiat.... Scepticum esse non posse. Il
dit encore la méme chose de Xenocrate &
des autres Academiciens de l'ancienne Academie. Diogene Laërce, S. Augustin, & generalement tout ceux qui ont parlé de Platon,
luy ont attribué une espece de doctrine & plusieurs dogmes. Je ne parle point de ce qu'en
ont pensé Numœnius, Plotin, Porphire, Iamblique, Amelius, Simplicius, Boëce, & les
autres Platoniciens, parce qu'il est trop évident que ces Philosophes luy attribuoient une
doctrine, puisqu'ils ont fait profession de l'interpreter. Il n'y-a que Philon le chef de la
quatriéme Academie, qui semble avoir été
d'un avis contraire. Mais, comme nous verrons,
ce Philon méme avoit ses dogmes, & quand
il a dit que Platon n'avoit rien affirmé, cela
ne doit s'entendre que de ses Dialogues dans
lesquels, à la verité il fait le personnage d'un
homme qui doute & qui cherche à s'éclaircir,
in cujus scriptis, dit Ciceron faisant parler Philon, *nihil affirmatur, de omnibus quæritur, nihil
omnino statuitur.* Car dans ses lettres du moins,
Platon assure qu'il n'avoit pas voulu écrire positivement ses sentimens, ne croyant pas devoir découvrir la verité à toutes sortes d'esprits. En quoy ses Disciples ne l'ont point imité : car ils ont dogmatisé fortement par écrit.
De sorte que l'on ne doit pas attribuer à Platon,
ni aux Academiciens de l'ancienne Academie,
d'avoir douté de toutes choses : & que la question ne regarde proprement que les nouveaux
Academiciens, dont Arcesilas a été le chef.

Je dis en second lieu, que les nouveaux Academiciens non plus, n'ont pas douté de toutes
choses, & qu'ils avoient leurs dogmes, comme

nous verrons ensuite ; & cependant il faut montrer icy, que l'on n'a pas toûjours dit qu'ils avoient douté de toutes choses.

C'est ce que l'on ne peut nier. Car Philon chef de la quatriéme Academie, voyant que l'on interpretoit mal les nouveaux Academiciens, soûtenir hautement qu'ils n'étoient pas differens des premiers, *negarat duas Academias esse, erroremque orum, qui ita putarant, coarguit:* & c'est ce qu'il est necessaire de soûtenir encore presentement. Outre cela, Antiochus chef de la cinquiéme Academie avoit aussi entrepris de montrer la même chose, quoy que d'un autre façon. Pour ce qui est de Ciceron, nous pouvons dire qu'il a été là-dessus du sentiment de Philon, quoique par ses manieres de parler en Orateur, il ait donné sujet de penser le contraire. Il dit donc, *Arcesilam non obtrectandi causa, sed verum invenire voluisse.*. Aussi Diogene Laërce assure du même Arcesilas qu'il avoit entrepris en son tems, de rétablir la maniere de philosopher de Platon, *genus Orationis quod Plato tradiderat... ex umbra in certamen primus eduxit.* De sorte que la difference qu'il y a entre l'ancienne & la nouvelle Academie, c'est que dans l'ancienne on a parlé & l'on a écrit dogmatiquement, & dans la nouvelle on n'a rien écrit, & l'on a seulement fait profession de chercher la verité.

Cependant je ne distingue point icy l'Academie de Carneades de celle d'Arcesilas, car il s'est accordé avec luy dans la méthode de combatre les préjugez, *in eadem Arcesila ratione permansit.* On pourroit même dire, suivant Ciceron, que ce troisiéme chef se seroit un peu plus approché de l'affirmative que son Predecesseur, *in assensionis retentione, in qua melius sibi constitit Arcesilas, si vera sunt, quæ de Carneade nonnulli existimant.* En effet, Carneades est entré plus avant dans la morale de Platon.

Enfin, S. Augustin a pensé que les nouveaux Academiciens n'avoient pas desesperé de reconnoître la verité, & qu'ils en avoient usé prudemment en ne la voulant point découvrir; *Arcesilas maluit dedocere quos patiebatur male doctos, quam docere quos dociles non arbitrabatur;* voilà ce qu'il dit en se servant des termes de Ciceron. A quoy il ajoûte, *prudentissime atque utilissime mihi videtur Arcesilas, cum illud latè serperet malum, occultasse pœnitus Academiæ sententiam: & quasi* AURUM, INVENIENDUM *quandoque, posteris obruisse*.

Il soûtient la même chose dans sa lettre à Hermogenien, où il apporte la raison qui luy a fait écrire ses trois Livres des Academiciens, & dit qu'il étoit important de détruire l'opinion que l'on avoit conçuë de ces Philosophes, en ce qu'on les regardoit vulgairement, comme ayant desesperé de connoître la verité. De sorte que ce que je soûtiens à cet heure est si bien dit, & en si bons termes dans la lettre dont je parle que, si j'avois besoin d'emprunter une Préface pour mettre à la tête de mon Ouvrage, j'en pourrois tirer une bien expressive & bien formelle de la Lettre de ce S. Docteur, qui sçavoit assez l'importance qu'il y avoit de détruire la fausse opinion que l'on avoit conçuë vulgairement de ces Philosophes.

Aprés cela peut on encore assurer que l'on ne s'est point avisé jusqu'à cet heure de dire que les nouveaux Academiciens ont reconnu plusieurs veritez, & qu'ils avoient des dogmes;

puisque voila, du moins trois Auteurs des plus considerables, qui non seulement ont assuré ce que je dis, mais qui avoient encore entrepris de le persuader aux autres, & s'étoient formé le même dessein que j'ay presentement ; mais la verité sera encore plus manifeste, lorsque j'auray raporté en détail les dogmes des nouveaux Academiciens.

Chapitre III.
Des Dogmes d'Arcesilas.

CE n'est point icy le lieu d'expliquer entierement ces Dogmes, mais seulement il faut indiquer les endroits d'où je les ay tirez afin d'en établir le fait.

On ne peut nier qu'Arcesilas n'ait été regardé en son tems comme Sceptique, non pas generalement par tous ceux qui l'ont connu, mais par les Stoïciens & quelques autres Dogmatistes dont il combatoit les préjugez. C'est ce que Sextus Empiricus avance comme une chose de fait, Liv. 1. ch. 33. *Si qua fides iis quæ de eo dicuntur adhibenda est, ferunt ipsum prima fronte Pyrrhonium visum,* VERE AUTEM DOGMATICUM FUISSE, *& cum in sibi familiaribus periculum faceret suis dubitationibus, an naturam ad percipienda Platonis dogmata haberent, existimatum fuisse Dubitatorem.* Nous voyons par ce passage, que long-tems avant Sextus Empiricus, on a dit qu'Arcesilas avoit enseigné les dogmes des Platoniciens, & qu'il falloit le regarder comme Dogmatique, quoy qu'il fût Sceptique en apparence. Et l'on ne doit pas s'étonner de ce qu'il a passé pour Sceptique ; car il étoit obligé de combatre le *pour* & *le contre*, & pour cela il devoit employer des raisons propres à soûtenir les contradictions des propositions préjudicielles qu'il entreprenoit de détruire ; & c'est ce qui a donné lieu de dire de luy, qu'il avoit entrepris de détruire toutes sortes d'affirmations. Je sçais que le même Sextus Empiricus luy attribuë aussi, quoyque neanmoins en doutant, d'avoir soûtenu comme un Dogme, *que toutes choses étoient incomprehensibles.* Mais s'il est vray qu'il ait affirmé cela comme une verité, nous pouvons reconnoître déja cette proposition comme un de ses dogmes ; & nous verrons en quelle sens il prenoit cette proposition.

Cependant ce qui l'empécha d'enseigner publiquement les dogmes de Platon, c'est que de son tems Zenon le chef des Stoïciens n'ayant pû entrer dans les raisons de Polemon & de Crates, qui vouloient que l'on se fondast sur les seules veritez intellectuelles, commença à douter de tout ce que l'experience ne montroit pas à vûë d'œil & sensiblement. Mais Arcesilas voyent que les Stoïciens se fermoient par-là le passage à la verité ; & que dans cette disposition d'esprit ils étoient capables de s'instruire ; d'autant plus que la maniére d'enseigner de Polemon, de Crates, & de Crantor Academiciens de l'ancienne Academie, contribuoit à les confirmer dans leurs erreurs. Il s'appliqua à remedier à ce mal, *maluit dedocere quos videbat malè doctos, quam docere quos dociles non arbitrabatur :* Et surtout il entreprit de renverser la certitude que l'on pouvoit donner au jugement des sens. Desorte que les Stoïciens ne sçavoient plus à quoy s'arrêter, & le pauvre Zenon se voyant ainsi desarmé, s'écria que tout étoit perdu, & qu'Arcesilas avoit renversé toutes les Sciences. Voila ce qui anima

A vj

les Stoïciens contre les Academiciens, & ce qui obligea les Academiciens de combatre fortement les Stoïciens, *contra quos animus eorum exarserat*. Mais bien loin que ce soit renverser les Sciences que d'attaquer les jugemens des sens; au contraire c'est ouvrir la porte à la verité, & donner lieu en refutant ces faux jugemens, de découvrir ce qu'il y a de plus solide dans la Philosophie.

Un autre dogme d'Arcesilas qui luy est attribué generalement par tout le monde, est que *les biens consistent dans les doutes particuliers, & les maux dans les affirmations particulieres*. En quoy il faut observer qu'il ne dit pas les affirmations *generales*, ni *toutes* les affirmations, mais seulement *les affirmations* PARTICULIERES : & cela posé, ce dogme revient à celuy de Platon, qui soûtient que les jugemens que l'on forme au sujet des choses particulieres, sont incertains; parceque les choses particulieres & les individus sensibles sont dans une vicissitude continuelle, *semper generantur & nunquam sunt*. D'où il s'ensuit que l'on se trompe lorsque l'on se fonde ainsi sur des choses temporelles, au lieu qu'en s'attachant aux éternelles, comme le veut Platon, on trouve dequoy asseoir son esperance & donner de la certitude à ses jugemens. Voilà donc ce que veut dire Arcesilas par cette proposition, *mala ! particulares affirmationes* : car en effet, c'est un mal que de se tromper en jugeant comme vray, ou comme bon, ce qui n'est ni vray ni bon.

Enfin un dogme qu'enseignoit Arcesilas autant par son exemple que par ses paroles, étoit *que l'on doit estimer la vertu & l'aimer pour elle-même, & sans autre récompense que le témoignage*

de la Philosophie des Académiciens.

de la conscience. Or on voit bien que ce dogme vient de Platon, qui dit dans ses Livres *de justo*, & ailleurs, que l'on doit aimer la justice & faire le bien quand même on seroit assuré de n'avoir pour témoins ni les Dieux, ni les hommes, & à l'occasion de cela, il se sert de la comparaison de la bague de Giges, dont la fable luy donne avantage pour faire bien concevoir son sentiment. Voilà donc un dogme ou une verité qui sert de principe à la plus solide vertu, & éloigne entierement de l'hypocrisie. Ce Dogme, qui étoit descendu de Socrate, s'est répandu dans l'esprit de tous les Academiciens, tant anciens que nouveaux : & aussi il a passé aux Stoïciens, qui disoient *ipsa sibi pretium virtus*, leur chef Zenon l'ayant pû apprendre de Polemon & de Crantor, tous deux Academiciens de Platon, sous lesquels il avoit étudié avec nôtre Arcesilas.

CHAPITRE IV.
Des Dogmes de Carneades.

Nous pouvons déja attribuer à Carneades tous les dogmes d'Arcesilas, non seulement ceux que je viens de raporter, mais encore ceux de Platon que l'un & l'autre de ces Academiciens avoient reconnus. C'est à dire, tous ceux que l'on peut déduire necessairement des principes de Platon, & non pas tous ceux qu'on luy a attribuez. En effet Carneades, comme dit Ciceron, *in eadem Arcesilæ ratione permansit*. Et c'est conformement aux principes d'Arcesilas, & à ceux de Platon qu'il enseignoit comme un dogme important qu'il falloit faire le bien sans autre récompense, que la perfection de l'esprit qui en devoit resulter. C'est pour cela qu'il disoit que si l'on étoit dans un jardin, & que l'on vit son ennemi mortel aller s'asseoir sur de l'herbe où l'on sçauroit en secret qu'il y auroit un aspic caché, prés à le blesser à mort, il faudroit néanmoins l'en avertir ; quand même personne n'en devroit avoir connoissance, *Si scieris, inquit Carneades, aspidem occultè latere uspiam, & velle imprudentem super eam assidere, cujus morsu tibi emolumentum factura sit: improbè faceris, nisi monueris ne assideat: sed impunè tamen id te constaret fecisse : quis enim coarguere possit?* 1. *de Finib.* J'ay déja dit que ce dogme est si beau & si loüable, si digne d'une bonne & sage Philosophie, qu'il doit attirer l'amour & l'estime des honnêtes-gens, & surtout des Chrétiens.

Un autre de ses Dogmes étoit celuy-cy, *qua natura compegit, hac & dissoluet.* C'est ce que Boëce exprime fort bien en cette maniere, *æterna constat, positumque lege est, ut constet genitum nihil.* Or cela revient aux Dogmes de Platon, qui dit que tout ce qui est sujet au tems, n'est qu'en passant, & doit enfin terminer son cours: Les Stoïciens en concluoient que le Monde devoit perir, & qu'il seroit un jour consumé par le feu.

Un autre de ses Dogmes sur la beatitude humaine, se concevoit en ces termes, suivant Ciceron, *frui principiis naturalibus,* c'est-à-dire exercer en perfection toutes les fonctions de l'entendement & de la volonté, sans en être empêché, soit par l'ignorance ou par les préjugez, soit par quelqu'autre obstacle exterieur. Et c'est ce que les Stoïciens vouloient insinuer par les Principes de Socrate & de Platon, lorsqu'ils disoient qu'il falloit suivre les Loix naturelles, *secundum naturam vivere*; en quoy il faut observer que ces Philosophes tant Academiciens que Stoïciens, regardoient la nature comme dans sa perfection, & non pas comme corrompuë par les préjugez & par les erreurs.

Quand à cet endroit où Ciceron dit que Carneades renversoit les preuves de la divinité, cela ne fait pas qu'il ait douté de son existance; mais qu'il pensoit qu'on la démontroit mal. C'est ce que Ciceron luy-même témoigne, *Carneades contra eos qui Deos asserebant disputavit, non ut tolleret divinitatem, hoc enim minime dicebat Philosophum, sed ut male probantes argueret.* Il prouvoit aussi que Dieu n'étoit point un animal, ayant un corps comme vouloient les Stoïciens & les Empiricus, qui le faisoient étendu & corporel: & c'est probablement contre les preuves de ces Philosophes que cet Academicien combatoit.

Au reste Carneades avoit entrepris de défendre la liberté contre les Stoïciens, qui vouloient que le destin fût la cause des déterminations que nous appellons libres & contingentes, jusques-là que cet Academicien osa dire qu'Apollon ne pouvoit prévoir les volontez des hommes. *Dicebat Carneades ne Apollinem quidem futura posse dicere, nisi ea quorum causas natura ita contineret ut ea fieri necesse esset.*

Enfin, Ciceron nous donne une espece de systeme des sentimens de cet Academicien, *duo placet esse Carneadi visorum genera,* dit-il, *alia visa esse quæ percipi possent, alia quæ non possint: in altero autem alia visa esse probabilia, alia non probabilia: itaque; quæ contra sensus contraque perspicuitatem dicantur, pertinere ad superiorem divisionem, contra posteriorem, nihil dici opportere. Quare ita placere tale visum nullum es-*

se, *ut perceptio consequeretur : ut autem probatio multa, etenim contra naturam esset si probabile nihil esset*. Tout cela se reduit à dire, comme nous verrons plus particulierement que les sens sont incapables d'apercevoir ou de connoître immediatement les choses qui sont hors de nous, & de nous les faire voir telles veritablement qu'elles sont en elles-mêmes. Ce qui se réduit à la proposition de Platon ; *tantum abest ut omnia quæ apparent existant ; quin immo nihil eorum quæ apparent existat*, & roule sur cet axiome que nous avons repeté si souvent, *judicium veritatis non est in sensibus*. Mais quoy que nous ne puissions apercevoir les choses qui sont hors de nous, *licet tale visum nullum sit, ut perceptio rerum externarum consequatur*, cela n'empêche pas neanmoins qu'il n'y ait plusieurs apparences sensibles par le moyen desquelles nous pouvons conclure, que ces objets exterieurs doivent être de telle ou de telle maniere : de sorte que c'est encore revenir au sentiment de Platon, qui pensoit que la raison seule avoit droit de juger de la nature ou de la realité des choses qui sont hors de nous. *Etenim*, ajoûte Ciceron, *contra naturam esset, si probabile nihil esset*. Cette raison peut être conceuë diversement, & nous l'expliquerons dans toute son étenduë. Mais en attendant, nous demeurerons d'accord que Carneades ne pensoit pas qu'il fût impossible de juger, du moins par la Raison, de la verité des choses qui sont hors de nous. Pour ce qui est des differentes sortes de probabilitez qu'il reconnoissoit, je remets à les distinguer en traitant de la Morale. & cependant on peut remarquer qu'il en vouloit d'infaillibles en de certaines matieres : & d'ailleurs, qui dit probabilité, n'exclut pas l'infaillibilité ; car il y peut avoir des preuves solides, comme je l'ay remarqué dans mon Apologie 4. Part. Art. 10.

Si l'on trouve encore dans quelques Auteurs que l'on ait attribué quelqu'autre chose à Carneades, ou cela s'accordera avec ce que nous en venons de dire, & cela se réduira à la même chose ; ou cela semblera y être opposé, au quel cas, il faut penser que cela n'a été attribué à cet Academicien, que sur quelque faux rapport, ou sur ce qu'il auroit pû dire en disputant, *animo contradicendi*. Car ce Philosophe auroit eu besoin de dire souvent comme Arcesilas, *h.c dico, sed non affirmo*. Pour ce qui est de ce que je luy attribuë icy, on peut penser que non seulement il avoit dit ces choses, *animo contradicendi*; mais pensant dire des veritez : car tout cecy s'accorde avec les Dogmes d'Arcesilas, avec ceux de Platon, & enfin avecque ceux de tous les Academiciens. Mais de quelque maniere que l'on prenne les choses, on ne sçauroit mieux sçavoir quels ont été les sentimens de cet Academicien, que Clitomaque le sçavoit, luy qui avoit eu long-tems sa conversation, & à qui il avoit appris la Philosophie des Academiciens.

CHAPITRE V.
Des Dogmes de Clitomaque.

NOus avons un fragment de ce Philosophe, dans les Academiques de Ciceron, où l'on peut voir en racourci le Système d'Arcesilas & de Carneades. *Explicavi paulò ante*, dit Ciceron, *quemadmodum ista Carneades diceret, accipe quemadmodum ea dicantur à Clitomacho*. En quoy il faut d'abord remarquer que Ciceron va dire la même chose que ce que nous renous de raporter dans le chapitre précedent; mais un peu plus au long & en d'autres termes qu'il prétend être à peu prés les propres termes de Clitomaque, *his fere verbis... Academicis placere rerum ejusmodi similitudines ut aliæ probabiles videantur aliæ contra, id autem non esse satis cur alia persipi posse dicas, alia non item.* Arrêtons-nous un peu icy, & remarquons que Clitomaque reconnoît deux sortes d'apparences, dont les unes passoient pour probables, & les autres non; & c'est ce que Carneades apelle, *duo visorum genera.* Cela signifie, que parmi les apparences qui s'excitent en nous par les sens, il y en a qui ne representent autre chose que ce qui est en nous & de nôtre part; comme, par exemple, les couleurs, les saveurs, les sons, les odeurs; & d'autres que l'on peut prouver être veritablement dans les objets extérieurs; comme de certaines étenduës, mouvemens, ou figures. Mais avec tout cela ce n'est pas assez pour pouvoir dire que nous apercevons immediatement ces façons d'être ou dispositions exterieures, parce que si nous les apercevions, il seroit impossible qu'elles n'existassent point quand nous les apercevrions: & c'est pour cela que Clitomaque ajoûte immédiatement: *Propterea quod multa falsa probabilia sunt, nihil autem falsi perceptum & cognitum possit esse. Itaque vehementer errare eos, qui dicunt ab Academicis sensus eripi, à quibus,* observez ces mots, NUNQUAM DICTUM SIT *aut colorem, aut saporem aut sonum nullum esse. Illud sit disputatum, non inesse in his propriam, quæ nusquam alibi esset; veri & certi notam.* Aprés que Clitomaque a parlé ainsi, il ajoûte, *dupliciter dici assensus sustinere sapientem; uno modo cum hoc intelligatur omnino eum nulli rei assentiri, altero cum se à respondendo ut aut probet quid, aut improbet, sustineat, ut neque neget aliquid neque aiat.* Ce qui revient à dire que l'Academicien peut s'empêcher de soûtenir & d'affirmer, ou comme ayant renoncé à toute sorte d'affirmations : *t intelligatur omnino eum nulli rei assenteri*, ou comme ne sçachant point encore ce qu'il convient d'affirmer ou de nier. *Sustineat ut neque neget aliquid, neque aiat.* Cela étant ainsi, ajoûte Clitomaque, autre chose est de vouloir ne donner son consentement à quoi que ce soit, & autre chose d'attendre à répondre & à approuver l'affirmative ou la negative, suivant que la raison peut prouver que la verité se rencontre d'un côté ou d'autre, *alterum placere*, ajoûte-t-il, *ut nunquam assentiatur, alterum tenere, ut sequens probabilitatem, ubicumque hæc occurrat, aut deficiat, aut etiam, aut non, respondere possit.*

Voilà ce qui vient de Clitomaque, à quoy Ciceron ajoûte ce qu'il trouve bon pour éclaircir, suivant ses veuës, les sentimens de cet Academicien : en quoy il n'y a rien qui doive être raporté immédiatement à Clitomaque & à Carneades, sinon qu'il falloit encore distinguer entre les probabilitez ; sçavoir entre celles qui étoient entieres, *quæ nulla re impedirentur*, & les autres qui pouvoient être contestées en quelque maniére Mais il faut toûjours que cela s'entende à l'égard du jugement des choses extérieures sur le raport des sens ; car pour ce qui est de la maniére dont l'esprit peut juger des choses intellectuelles, c'est ce qui n'est point examiné en cet endroit, ni par Clitomaque ni par Ciceron.

Nous sçavons encore que Clitomaque avoit eu quelque contestation avec Carneades au sujet d'un Livre qu'il envoya aux Carthaginois ses Compatriotes, pour les consoler de la captivité dans laquelle ils etoient tombez, ayant été vaincus par les Romains. Carneades n'aprouva point les raisons de Clitomaque, *quæ Carneades contradixerit*, dit Ciceron, *scripta sunt*. Enfin si cet Academicien a eu quelques autres dogmes, c'est ce que nous ne pouvons sçavoir entiérement; car il avoit écrit plusieurs Livres qui sont perdus, dans lesquels il y avoit bien du genie & de l'éloquence.

Chapitre VI.
Des Dogmes de Philon & de ceux d'Antiochus.

Nous aurions un recit des sentimens de Philon, si le Livre des Academiques à Varron étoit venu jusqu'à nous tout entier : mais soit qu'il n'ait jamais été achevé, soit que nous l'ayons perdu par quelque infortune, nous n'y trouvons que quelques mots que nous expliquerons ensuite. Ce n'est pas que l'on ne rencontre encore quelques vestiges des sentimens de cet Academicien dans les œuvres de Ciceron, qui l'avoit écouté & avoit conversé avec luy, plûtôt, comme il est à croire, à cause de sa Retorique qu'à cause de sa Philosophie : Car cet Academicien tenoit une Academie d'Orateurs, & une autre de Philosophes, ausquels il donnoit ses soins en divers tems.

Néanmoins on peut attribuer à cet Academicien les Dogmes de Platon; parce qu'il avoit luy-même entrepris de montrer que tous les Academiciens ont suivi la doctrine de ce premier. C'est ce que l'on peut confirmer en ce que Ciceron dit que Philon croyoit avoir la marque de la verité, quoique néanmoins il eût disputé long-tems contre ceux qui pensoient l'avoir. *In idipsum se induit, quod timebat.* Il faut entendre la même chose que s'il y avoit, *quod videbatur timere.* Car il n'y a pas d'apparence que les Academiciens, & sur tout Platon, dont il étoit Sectateur, ayent apprehendé de trouver une chose qu'ils avoient long-tems souhaitée, & croyoient mêmes avoir obtenuë. *Philo dum nova quadam commonet*, dit encore Ciceron, *quod ea sustinere vix poterat quæ contra Academicorum pertinaciam dicebantur & aperte mentitur... ita imprudens quo minime vult relabitur.* Nous voyons par là que Philon avoit commencé à établir quelque chose : en quoy Ciceron prétend qu'il feignoit. Mais n'est-il pas plus vray-semblable de penser qu'il feignit auparavant, & qu'après cela il cessa de feindre? Quoy qu'il en soit, il est toûjours vray qu'il affirmoit quelques dogmes, *nova commonebat*, croyant connoître en cela la verité. Cependant je laisse à penser si l'on doit croire que Ciceron entendoit mieux Philon, que Philon ne s'entendoit luy-même? Ce que l'on peut dire là-dessus de plus vray-semblable, est que Ciceron en jugeoit par l'esprit des Stoïciens ; dont il étoit rempli.

Ce n'est pas que l'on n'ait attribué à cet Academicien un Livre dans lequel on combat le *Criterium* de la verité ; mais, ou ce Livre luy a été faussement attribué, comme disoit Antiochus, où il l'avoit seulement écrit pour combatre les Dogmatistes, & sur tout, les Stoïciens. Ce qui n'empêche pas qu'après cela il n'ait pû établir quelques Dogmes.

Sextus Empiricus luy attribuë auſſi d'avoir soûtenu pour dogme, que les choses en elles-mêmes n'étoient pas incomprehensibles, mais seulement à nôtre égard, *Philo autem ait, quantu & ad Stoïcum Criterium, id eſt phantaſiam comprehenſivam, res eſſe incomprehenſibiles; quantum autem ad naturam rerum, comprehenſibiles.* Et voila ce que Ciceron ne concevoit pas, non plus que les Stoïciens: car ils penſoient que leur *Criterium* ſenſible étant renverſé, il n'y en avoit pas d'autre à eſpérer. Mais bien loin de là, nos Academiciens penſoient même pouvoir juger de la nature des choſes qui ſont hors de nous, par leur *Criterium* rationel.

Philon, conformément à Platon & aux autres Academiciens, penſoit encore que la beatitude conſiſtoit dans la vertu.

Pour ce qui eſt d'Antiochus, il y ajoûtoit quelque choſe de la part de l'extérieur. *Antiochus, locis plurimis, virtutem ipſam per ſe beatam vitam efficere, nec tamen beatiſſimam*, c'eſt ainſi que Ciceron en parle.

On peut encore luy attribuer les Dogmes de Platon, ſur tout, les principaux, comme l'exiſtence d'un Dieu éternel, unique, intelligent, bon, juſte & tout-puiſſant, qui produit toutes choſes par ſa connoiſſance. C'eſt ce que le même Ciceron dans ſes Academiques à Varron, aſſure qu'il avoit ſoûtenu dans le même endroit; il fait un détail de pluſieurs autres dogmes qu'il luy attribuë encore, & que je ne raporteray point icy, les ayant deſignez dans l'idée que j'ay donnée en racourci de la doctrine de Platon, Liv 1. chap. 3. & parce que cet Academicien ſoûtenoit tous ces enſeignemens hautement, & à la Dogmatique, Ciceron dit que de son tems on vit renaître l'ancienne Academie, *subitò vetus Academia renovata est:* & S. Augustin en dit aussi la même chose en ces termes, *tunc venerandum os Platonis emicuit.*

Avec tout cela Ciceron s'étonne encore de ce qu'Antiochus croyoit avoir découvert la marque de la verité, & il s'écrie *quis iste dies illuxerit, quæso! qui illi veritatis notam aperuerit?* Il le taxe aussi d'inconstance, en ce qu'il avoit approuvé dans sa vieillesse, ce qu'il avoit combatu étant jeune. *Hæc non acriùs accusavit in senectute, quam antea defensitaverat.* Mais cela ne témoigne autre chose, sinon que Ciceron ne comprenoit pas qu'ayant refusé le *Criterium* des Stoïciens on pût encore avoir une marque certaine de la verité. Et c'est ce qu'il admire au sujet d'Antiochus, comme il avoit fait au sujet de Philon.

Voilà ce que l'on peut penser de plus certain touchant les faits qui concernent les Dogmes des Academiciens, il est plus facile de décider si ces sentimens sont vrais ou faux, que de prouver incontestablement que tels & tels Philosophes les ayent eus : & c'est sur de pareilles questions qu'il faut se contenter de vray-semblances, parce que l'on ne sçauroit avoir sur cette sorte de matiere de parfaites démonstrations.

Mais ce qui me détermine d'avantage à soûtenir que les Academiciens ont eu les sentimens que je leur attribuë, c'est que quand on voudroit les ranger avec les Sceptiques, & leur imputer d'avoir douté de toutes choses, à la maniére des Pyrrhoniens, j'aurois toûjours lieu, comme nous verrons, de les ramener aux sentimens de Platon.

Enfin, on ne doit pas s'étonner si dans quelques Auteurs, on trouve que de certaines choses leur sont attribuées, qui ne conviennent pas avec les sentimens de l'ancienne Academie; car, outre que l'on n'a pas toûjours bien compris leur maniére de philosopher, c'est qu'on leur a attribué des choses qu'ils n'avoient soûtenuës que par forme de dispute, & pour contrebalancer des assertions préjudicielles de quelques Dogmatistes.

Chapitre VII.
Explication de quelques façons de parler que Ciceron attribuë aux Academiciens.

Nihil esse certi quod aut sensibus, aut animo percipi possit. Nihil sciri posse.

CE sont ces façons de parler qui ont donné lieu à l'erreur où l'on est tombé vulgairement touchant les Academiciens. Mais outre qu'elles sont équivoques & se peuvent prendre en divers sens, c'est que l'on peut toûjours dire qu'elles ont été seulement attribuées à ces Philosophes par les Stoïciens, ou par quelques autres de leurs Adversaires, & non pas tirées formellement de leurs Livres; car ils n'avoient rien écrit.

Voicy donc une proposition fort generale que Ciceron leur attribuë, *Lib. 2. de Oratore, nihil esse certi quod aut sensibus aut animo percipi possit.* Or cette proposition est vraye à la lettre si on l'entend des choses qui sont hors de nous, comme s'il y avoit *nihil rerum externarum, &c.* Car ni par les sens, ni par l'esprit, nous ne pouvons apercevoir les choses qui sont hors de nous, parce que la connoissance, comme vouloient les Academiciens, est tellement immanente qu'elle ne peut atteindre immédiatement

que

que ce qui eſt dans l'entendement de celuy qui conçoit : & c'eſt pour cela que les Anciens diſoient, *intellectus cognoscendo fit omnia*. Nous ne connoiſſons point les choſes en elles-mêmes, mais ſeulement nous apercevons les idées de ces choſes : c'eſt ce que l'on appelle dans l'Ecole concevoir par le moyen d'une eſpece expreſſe. Ariſtote dit auſſi (*lib. 2. de Anima c. 4.*) *non res ſunt in animo, ſed forma rerum*. Et M. Deſcartes reconnoît encore la même choſe.

D'où il s'enſuit que nous avons toûjours raiſon de douter ſi les choſes extérieures ſont effectivement en-elles mêmes, telles qu'elles nous ſemblent être. Auſſi les Academiciens diſoient *nihil percepti falſum eſſe poſſe*. Or il eſt certain que ſouvent les apparences nous trompent, d'où il faut conclure qu'en jugeant ſur le raport de nos ſens & même de nos idées, nous pouvons nous tromper, & cela, parce que nous ne voyons pas les choſes en elles-mêmes.

Cependant mon explication eſt d'autant plus legitime, qu'elle eſt conforme au ſentiment de Platon, duquel la propoſition dont il s'agit a été tirée, comme veut Ciceron, *Arceſilas..... ex variis Platonis libris ſermonibuſque Socratici, hoc maxime arripuit nihil eſſe certi*, &c. Or on ſçait que ni Socrate ni Platon n'ont entendu cette propoſition (en cas qu'ils l'ayent jamais formée) que dans le ſens que je viens de luy donner.

Mais Ciceron leur attribuë encore cette propoſition, *nihil ſciri poſſe*, je le veux, mais probablement il n'y regardoit pas de ſi prés, & il croïoit pouvoir parler ſur ce même ſujet en pluſieurs maniéres, *vario & multiplici ſermone* à la façon des Orateurs. Neanmoins, outre que cette proposition signifioit la même chose que celle que je viens d'expliquer; C'est qu'on peut toûjours l'entendre à l'égard des choses externes que les Academiciens disoient dans le sens que nous verrons, être incomprehensibles. En effet, de leur tems, on prenoit vulgairement ce mot *sciri* pour celuy-cy *comprehendi*. Or je veux que les Academiciens ayent formé cette proposition, *toutes choses sont incomprehensibles*, & cela est vray à la lettre, pour ce qui regarde les objets extérieurs.

Cependant, il y a encore une distinction à faire, & l'on doit observer que par ce mot toute chose, on entend quelquefois des êtres qui subsistent hors de nous, & qui ont leur singularité & leur individuation ; & quelquefois on le prend pour tout ce que l'on peut énoncer, & pour de simples propositions ou Theorémes, pour des productions de l'esprit, & en un mot, pour tout ce que l'on appelle dans l'Ecole *entia secunda intentionis*; Cela posé, on peut dire que les Etres singuliers comme les individus & les substances sont incomprehensibles, en sorte qu'il est impossible de les concevoir suivant tous leurs attributs & toutes leurs proprietez, y ayant toûjours dans ces Estres quelque chose d'incomprehensible à l'esprit humain. Et c'est ce qu'il semble que l'on doive entendre par ce passage de l'Ecclesiaste, *tradidit mundum disputationi eorum, ut non inveniat homo omnia quæ operatus est Deus ab initio usque ad finem*. Et par cet autre, *cuncta res difficiles, non poterit eas homo explicare sermone*, & de celuy-cy encore, *intellexi quod omnium operum Dei nullam possit homo invenire rationem ea-*

vum quæ fiunt sub Sole & quanto plus laboraverit ad quærendum, tanto minus inveniat: etiamsi dixerit sapiens se nosce, non poterit reperire.

Mais pour ce qui est des Theorémes ou propositions, on ne doit pas douter qu'il n'y en ait plusieurs que l'on peut fort bien comprendre, comme sont les propositions de Géometrie, que nos Academiciens estimoient beaucoup. En effet, on les conçoit & on les comprend si bien, que l'esprit ne peut hesiter dans leurs connoissances. Par exemple, on comprend fort bien que le tout est plus grand que sa partie, que deux & deux font quatre, que le quarré de l'hypotenuse est égal aux quarrez des deux autres côtez dans les triangles rectangles, &c. Avec tout cela néanmoins on trouve encore plusieurs choses incomprehensibles quand on regarde ces Estres, que l'esprit enfante & produit luy-même, comme des objets existans hors de la pensée. Comprend-on bien ce que c'est qu'un Angle, à quoy aboutit sa pointe, & si elle se termine à un point indivisible & sans étendue? On se represente fort bien une ligne divisible en parties égales ou proportionelles à quelqu'autre ligne: mais on ne comprend pas comment elle est divisible à l'infini, on ne comprend pas comment un point n'ayant aucune partie peut néanmoins étant ajoûté à un autre point former de l'étenduë. On comprend bien qu'un cercle se mouvant sur son centre, reçoit divers dégrez de vîtesse dans ses parties, suivant qu'elles en sont plus ou moins éloignées ; mais on ne comprend pas comment le centre, qui n'est qu'un point, est en repos sans être separé des autres parties qui le touchent & qui se meuven ; ou bien est en mouvement sans avoir aucunes parties, & sans sortir de sa place. Il est donc trop vray que l'esprit humain trouve de l'incomprehensible en toutes choses, mais non pas en toute sorte de considérations, ni en toute sorte de propositions ou Théoremes ; car il y en a qu'il conçoit si bien, qu'il ne peut raisonnablement souhaiter de les concevoir plus clairement ? D'où il suit qu'il y a toûjours un sens auquel on peut dire que toutes choses sont incomprehensibles. Enfin si les Academiciens ont dit que l'on ne pouvoit rien sçavoir, ils pourroient ne l'avoir soûtenu que pour contrebalancer les préjugez de ceux qui soûtenoient qu'ils sçavoient toutes choses, & par forme de dispute, non pas dogmatiquement.

Cela est si vray, que dans l'endroit où Ciceron parle ainsi, qui est à la fin de ses Academiques à Varron, il attribuë cette même proposition à presque tous les Anciens, *omnes pæne veteres, qui nihil cognosci, nihil percipi, nihil sciri posse dixerunt.* Il l'attribuë à Demostene, à Anaxagore, à Empedocle, & enfin presque à tous les Anciens. Or il est certain que ces Philosophes ont crû sçavoir quelque chose & qu'ils ont eu des dogmes, comme on le pourroit montrer & comme nous le verrons, d'où il suit que s'il est vray que quand on dit trop, on ne dit rien, cette proposition se restreint d'elle-même, & ne signifie pas plus que celle qui luy est jointe, & que nous avons déja expliquée.

Mais il dit encore qu'Arcesilas a méprisé toute sorte de jugement, & qu'il a crû qu'il ne falloit approuver aucune chose. Je le veux ; mais cela n'a été dit que supposé la disposition dans laquelle étoient les Dogmatistes & nous voyons aussi que Ciceron en attribuant cela à Arcesilas, ajoûte ce mot *ut ferunt*; car en effet les Stoïciens parloient ainsi des Academiciens, croyant qu'ils eussent renversé toutes les sciences en refusant le jugement des sens, *Arcesilam, quem ferunt, eximio quodam usum lepore dicendi, aspernatum esse omne animi sensusque judicium; primumque instituisse (quamquam id fuit Socraticum maxime) non quid ipse sentiret ostendere. Sed contra id quod quisque sentire se diceret, disputare.* Voila les termes de Ciceron, qui ne signifient autre chose, sinon qu'Arcesilas avoit imité Socrate dans sa maniere de philosopher. Et pour ce qui est raporté à la fin des Academiques à Varron, cela doit encore se prendre en même sens, *quibus de caussis*, ajoûte Ciceron en cet endroit, *nihil oportere, neque profiteri, neque affirmare quemquam, neque assertione approbare, &c.* ce qui doit toûjours être entendu par raport à la disposition où les Dogmatistes étoient de son tems, comme du tems de Socrate, lesquels ne sçavoient pas même encore qu'ils ne sçavoient rien.

CHAPITRE VIII.
Explication de ces maniéres de parler que Ciceron attribuë aux Academiciens, Angustos sensus. Imbecillos animos. Brevia curricula vitæ. Opinionibus & institutis omnia teneri. Nihil veritati relinqui. Deinceps omnia tenebris esse conspersa.

Toutes ces maniéres de parler sentent un peu trop l'Orateur, & ne font rien contre les Dogmes des Academiciens. Car de dire que les sens soient étroits *angustos sensus*. Cela n'empêche pas qu'on ne s'en puisse servir pour juger des apparences. Nous jugeons aussi bien des couleurs n'ayant que deux yeux, que si nous en avions tout autour de nôtre corps. Au contraire, les organes de nos sens sont admirablement bien disposez comme ils le sont naturellement, & leurs fonctions se font le mieux qu'il est possible: ensorte que de ce côté-là nous n'avons pas sujet de nous plaindre. Et après tout, il n'y pouroit avoir que du plus & du moins dans leurs actions ou passions, ce qui ne fait rien pour la connoissance de la nature des choses.

Imbecillos animos. Nos esprits sont foibles, je l'avouë, mais semblables à des malades ou convalescens, ils peuvent bien au moins faire quelques pas, & c'est toûjours pouvoir avancer vers la verité.

Brevia curricula vitæ. La vie est courte, mais elle est encore assez longue pour reconnoître certainement que 2 & 2 font 4, que les trois angles des triangles équivalent à deux droits: pour sçavoir que le quarré de l'hypotenuse est égal aux quarrez des deux autres côtez, dans tous triangles rectangles: En un mot, pour découvrir un grand nombre de veritez de Mathematique & de Philosophie, telles que sont les dogmes de nos Academiciens. De maniere que cette raison n'est bonne que pour montrer que la troisiéme sorte de recherche dont j'ay parlé Livre 2. chap. 12. est interminable en cette vie.

Opinionibus & institutis omnia teneri nihil veritati relinqui: deinceps omnia circumfusa sess tenebris. Tout est plein de préjugez, il n'y a que de l'opinion dans les esprits. La verité n'y trouve point de place, & dans la suite tout est enveloppé de tenebres; ces phrases ne servent qu'à faire mieux connoître combien nos Academiciens avoient sujet en leur temps de cacher la verité & de ne la pas découvrir indifferemment à des esprits indociles & incapables de la comprendre. Cela sert à justifier leur conduite à l'égard des Dogmatistes, contre lesquels ils étoient obligez d'employer les témoignages des Anciens, à qui Ciceron attribuë toutes ces façons de parler; & sur tout, à Democrite, qui disoit que la verité étoit dans un puid: mais il est pourtant vray que ce qui desesperoit les Stoïciens, c'est qu'on leur montroit que les Sens étoient incapables de juger de la verité des choses extérieures, & cela desorientoit leur Philosophie, laquelle n'étoit fondée que sur des estres corporels & palpables.

CHAPITRE IX.
Les Academiciens distinguez des Platoniciens, des Cyrenaïciens, des Peripateticiens, & des Pyrrhoniens ou Sceptiques.

LEs Academiciens & les Platoniciens ayant fait profession de suivre Platon, pourroient être regardez comme freres, & passer pour Sectateurs d'un même maître: mais neanmoins il a cette difference, que les Platoniciens s'attachoient aux paroles de Platon, & le suivoient à la lettre; au lieu que les Academiciens se contentoient de l'imiter dans sa maniere de philosopher, sans jurer sur ses paroles & sans reconnoître autre chose de ce qu'il a dit, que ce que l'évidence de la verité leur pouvoit apprendre. Et c'est ce qui leur fit mettre en usage cette façon de parler, à laquelle ils ont donné cours les premiers: *Amicus Plato, amicus, &c.*
Mais parce que la réputation de Platon s'aug-

menta tellement, que l'on conçut pour ce Philosophe une tres grande veneration. Ceux qui s'appelloient Platoniciens s'en vouloient faire honneur, & ne vouloient pas être appellez Academiciens, de peur d'être obligez, comme ces Philosophes, d'avoüer leur ignorance.

On peut aussi distinguer nos Philosophes des Cyrenaiciens, en ce qu'ils n'affirmoient pas comme eux que le souverain bien consistât dans la volupté, & qu'ils avoient encore quelques autres dogmes particuliers. Mais ces deux sortes de Philosophes, qui étoient descendus de Socrate, s'accordoient en ce qui concerne le jugement des sens: *Cyrenaici minimè contempti Philosophi*, dit Ciceron dans ses Academiques, *qui negant esse quidquam quod percipi possit extrinsecùs: ea se solùm percipere quæ TACTU INTIMO sentiant, ut dolorem & voluptatem: neque se quo quid colore, aut quo sono sit, scire, sed tantùm sentire se affici quodammodo*. Voilà leurs sentimens & ceux de nos Philosophes au sujet des sensations, fort bien & fort heureusement rapportez en peu de mots.

Pour ce qui regarde les Peripateticiens, on peut s'assurer déja qu'ils differoient d'eux pour le moins en même manière que les Platoniciens, parce que les Peripateticiens s'attachoient à l'autorité d'Aristote, lequel Aristote neanmoins n'étoit pas si éloigné que l'on pourroit penser des sentimens de Platon, C'est ce que Ciceron, Porphire & saint Augustin ont crû. Mais il faut avoüer neanmoins qu'Aristote ayant voulu apporter quelque chose de nouveau, a jetté toutes choses dans l'obscurité & dans l'embroüillement par sa maniere d'écrire trop dogmatique & par l'équivoque de ses termes. Outre cela il a inspiré aux Peripateticiens un sentiment sur le jugement des sens, qui est contraire à celuy de nos Philosophes, si on le prend comme on a accoutumé de le prendre.

Les Pyrrhoniens & Sceptiques differoient de nos Academiciens, en ce qu'ils ne reconnoissoient aucunes veritez: au lieu que nos Philosophes en reconnoissent plusieurs. Mais en cela leur difference n'étoit pas si forte, qu'elle ne se pût ôter avec le temps: car les uns & les autres faisoient profession de chercher la verité; & cela étant, je dis que l'on peut amener les Sceptiques aux sentimens des Academiciens; ce qui se peut faire d'autant plus facilement, que les Sceptiques avoient déja des dogmes; ils avoient un *Criterium*. C'est ce que dit Sextus Empiricus: *Criterium igitur Sceptica institutionis dicimus esse id quod percipitur.* (Remarquez ces mots, *id quod percipitur*: donc on ne pouvoit pas dire, suivant eux, que l'on n'appercevoit aucune chose, *nihil percipi.*) *quod perinde est ac si phantasiam dicamus: cùm enim persuasionem & coactam passionem afferat,* AMBIGI DE EA NON POTEST. Or les Academiciens recevoient aussi ce *Criterium* pour les choses qui nous sont intérieures, & que nous appercevons immédiatement; & les Cyrenaiciens le recevoient encore, & aussi cela leur donnoit lieu d'avoir des dogmes. C'est ce que dit formellement Sextus Empiricus: *Dicimus autem Scepticum dogmata nulla statuere, non eo sensu quo dicuntur nonnulli dogmata esse generaliter assensionem dubiam & incertam eorum de quibus in scientiis quæritur & ambigitur.* Ensuite il prouve que ceux qui asssurent que les Sceptiques rejettent les apparences, n'entendent point leur maniere de philosopher : *Qui autem aiunt Scepticos tollere phœnomena ea quæ à nobis dici solent, audisse mihi non videntur. Non enim ea evertimus quæ per phantasiam patientem invitos nos ad assensionem adducunt, ut antea quoque dicebamus.* En voilà assez pour les conduire bien loin. Car, comme nous verrons en temps & lieu, ils seront obligez d'en revenir aux idées de Platon. De sorte qu'ils ne different à cet heure des Academiciens que par accident, & pourroient recevoir leurs dogmes.

CHAPITRE X.
Les Academiciens distinguez des Dogmatistes, tant positifs que negatifs.

SOus le nom de Dogmatistes positifs je comprens tous ceux qui se conduisoient par de simples vray-semblances en matiere de Dogmes, & qui affirmoient sur toutes choses suivant la simple autorité de leurs Maîtres. Je ne sçaurois mieux les décrire que Ciceron les a décrits dans ses Academiques : *Qui obsecuti amico cuidam aut una alicujus quem audierunt oratione capti, de rebus incertis judicant, & ad quamcumque sententiam, quasi tempestate delati, ad eam tamquam ad saxum adhæserunt.* Or cette sorte de Philosophes est fort opposée aux Academiciens. Au reste je les appelle *Dogmatistes*, & non pas *Dogmatiques*, parce que pour être Dogmatique il suffit de prononcer sur quelque sujet ; ce que les Academiciens faisoient : au lieu que pour meriter d'être appellé Dogmatiste, il faut être accoutumé à former des dogmes & à les faire soy-même, comme les Philosophes ausquels je donne cette épithete.

Les Dogmatistes negatifs étoient bien differens des positifs; c'étoient comme leurs Antipodes: car les positifs croyoient sçavoir toutes choses, & entreprenoient de juger de tout: au lieu que les negatifs soûtenoient qu'on ne pouvoit rien sçavoir, & ne jugeoient de rien, sinon en ce qu'ils affirmoient que l'on ne devoit juger d'aucune chose. Or nos Philosophes étoient differens de ces Dogmatistes, en ce qu'ils n'assuroient pas qu'il fût impossible de sçavoir quelque chose, quoy qu'ils ayent dit comme Socrate: *Nous sçavons que nous ne sçavons rien*; ou comme Metrodore: *On ne sçait pas même que l'on ne sçait rien*.

De dire s'il y a eu veritablement des Dogmatistes negatifs, c'est ce que l'on ne doit pas assurer: car Xenophane, Prothagore, Anaxagore & Zenon Eleate, qui sont les principaux de ceux que l'on range parmy ces Dogmatistes & ausquels on attribuë d'avoir soûtenu que l'on ne pouvoit rien sçavoir, tous ces Philosophes, dis-je, ont eu leurs dogmes positifs, & ils ont affirmé plusieurs choses comme certaines.

Xenophane, au rapport de Sextus Empiricus, affirmoit qu'il y avoit un Dieu dont la vertu & la substance penetroit toutes choses. *Xenophanis autem dogma erat præter aliorum hominum prænotiones, Universitatem esse unumquid & Deum congenitum omnibus*. Aristote luy attribuë encore d'autres dogmes: en sorte que l'on a bien raison de douter s'il est vray qu'il ait dit qu'on ne pouvoit rien sçavoir, ou si ce n'a point été par forme de dispute.

Pour ce qui est de Prothagore, outre que Platon le represente comme un Sophiste qui faisoit croire du moins qu'il sçavoit un tres-grand nombre de choses ; nous trouvons encore qu'il soûtenoit que l'homme étoit le Juge & la mesure de la verité : en sorte que les choses n'étoient que ce qu'elles paroissoient être : *Erant quod cuique videbantur.* Et c'est pour cela que Platon disoit de luy, qu'il n'avoit pas plus de science qu'une grenoüille, parce que la grenoüille, aussi bien que tout autre animal, a ses sentimens, & peut connoître la verité, en cas que la verité consiste dans le sentiment : *Si scientia sit sensus.* Sextus Empiricus rapporte aussi quelques-uns de ses dogmes. *Vidimus igitur*, dit-il, *& materiam fluxilem esse, & rationes omnium apparentium subjectas esse in ipsa dogmaticè pronuntiare.*

Il n'est pas moins certain qu'Anaxagore avoit aussi des dogmes, & c'est luy qui a introduit la Panspermie, voulant que toutes choses fussent en toutes choses. Il soûtenoit aussi, dit Ciceron, que la neige étoit noire. *Anaxagoras nivem nigram dixit esse, ferres me si ego idem dicerem ? Tu ne si dubitarem quidem.* On peut ajoûter qu'il avoit encore des dogmes de Metaphysique : *Anaxagoras qui accepit ab Anaximene disciplinam, primus omnium rerum descriptionem & modum mentis infinita vi ac ratione designari & confici voluit.* Ciceron *de Natur. Deor.*

Nous avons la même chose à remarquer au sujet de Gorgias, à qui Aristote attribuë d'avoir soûtenu qu'il n'y avoit rien qui existât véritablement ; & que quand il y auroit quelque chose qui existât véritablement, cela ne nous pourroit pas être connu ; & que quand même nous le connoîtrions, il nous seroit impossible de le faire connoître aux autres, non plus que nous ne pouvons leur faire connoître notre propre douleur & nos propres sensations. Or ces dogmes, quels qu'ils soient, sont d'une tres-grande étenduë, & demandent qu'on les connoisse certainement, ou qu'on ne les affirme point ; & l'on peut voir comment Aristote les refute. D'autre part on pourroit dire que ce Gorgias a plutôt parlé en Orateur qu'en Philosophe, luy qui entreprenoit de prouver sur le champ tout ce qu'on auroit voulu, soit le *pour*, soit le *contre* ; & que Platon érige dans ses Dialogues, en simple Rhetoricien.

Enfin Zenon Eleate avoit aussi des dogmes, & c'est dequoy l'on peut voir plusieurs témoignages dans Platon. De plus Aristote entreprend de le refuter, & luy attribuë ces sentimens : *Æternum igitur hac de causa Deum esse affirmat : si autem Deus est id quod præstantissimum est omnium, unum debere esse ipsum inquit, &c.*

Nous voyons donc que ces Philosophes ne pensoient pas, comme on dit, qu'il fût impossible de sçavoir quelque chose, puis qu'ils en pensoient sçavoir plusieurs. Mais outre cela on peut assurer que pour soûtenir qu'on ne peut rien sçavoir, & avancer cette triste & stérile verité, il en faudroit avancer bien d'autres. De sorte qu'il n'est pas vray-semblable qu'aucun Philosophe ait jamais entré dans ces sentimens. Ce qui est d'autant plus vray qu'il n'y en a point qui ait nié les apparences ; & cela posé, comme nous reconnoîtrons, il y a sujet d'esperer plusieurs connoissances : *Sat magna nobis restat veritatum seges colligenda.* Je croirois donc facilement que ces Dogmatistes negatifs n'ont jamais été qu'en apparence, ou que ce n'étoit que des Orateurs que l'on a pris pour des Philosophes. Mais quoy qu'il en soit, nous avons assez montré que les Academiciens avoient des dogmes, & par là on voit bien quelle difference il y avoit entre eux & cette sorte de Dogmatistes.

CHAPITRE XI.
Les Academiciens dist. nguez des Pythagoriciens, des Epicuriens & des Stoïciens.

LEs Academiciens se pourroient accorder avec les Pythagoriciens, en ce que les uns & les autres gardoient le silence jusqu'à ce qu'ils crussent devoir prononcer & décider. Mais les Pythagoriciens avoient cela de particulier, qu'ils se fondoient sur l'autorité de leur Maître. Aussi Numenius Pythagoricien, qui a vécu depuis Ciceron, prétendoit que les Academiciens de la nouvelle Academie s'étoient séparez de Platon, parce qu'ils ne se fondoient pas sur son autorité : mais on peut dire que Platon n'avoit pas exigé de ses disciples une obéissance aveugle, & que si nos Academiciens n'ont pas été approuvez par ce Pythagoricien, cela vient ou de ce qu'il ne les entendoit pas, ou de ce qu'il avoit d'autres vûës aussi-bien que les Platoniciens, lesquels étoient obligez ou de condamner leur propre méthode, ou de rejetter celle des Academiciens.

A l'égard des Epicuriens, si nous en jugeons selon les idées de leur Chef Epicure, nous dirons qu'ils avoient renoncé aux Sciences : non pas qu'ils jugeassent qu'il fût impossible de les acquerir, mais parce qu'ils pensoient qu'elles étoient inutiles, pour ne pas dire contraires au plaisir de l'esprit, & causoient plus de chagrin de la Philosophie des Académiciens. 283

que de volupté, au lieu que nos Academiciens aimoient les Sciences & les cherchoient. Les Epicuriens pensoient que les corps étoient avant les esprits, & les Academiciens pensoient au contraire que les esprits étoient avant les corps, & qu'ils avoient pour le moins autant de réalité que les êtres matériels. Les Epicuriens jugeoient des objets extérieurs sur le rapport des sens, & les Academiciens n'en jugeoient que par la raison. Ce n'est pas qu'on ne puisse prendre en bonne part la pensée d'Epicure, qui veut que le sens soit infaillible: car on peut dire qu'il ne luy donnoit pour objet immédiat que nos propres façons d'être ou modifications, desquelles les sens nous peuvent répondre certainement. Mais cela posé, on ne devra pas faire dire à ce Philosophe, comme Lucrece, que le Soleil n'a qu'un pied de diametre, quoy qu'on puisse dire que l'apparence ou image qu'il nous fait voir, nous paroisse être de cette grandeur. Et en ce cas on pourroit l'accorder avec nos Philosophes, qui vouloient que les sens fussent infaillibles pour les apparences, mais non pas pour les réalitez.

Au sujet des Stoïciens, on peut dire que les Academiciens ne leur étoient pas si contraires qu'on pourroit penser; & c'est ce qu'Antiochus a fait voir, luy qui a introduit dans l'Academie, dit Sextus Empiricus, plusieurs dogmes approuvez par les Stoïciens. Mais outre que les Stoïciens avoient tiré ces dogmes de Socrate & de Platon, c'est qu'Antiochus les établissoit bien plus solidement qu'eux, & qu'ils tiroient leurs preuves d'autres principes par des raisonnemens differens. Mais il est vray d'autre part que les Academiciens avoient des sentimens fort differens de ceux des Stoïciens au sujet des sens. Et, c'est ce qui les anima à disputer contre eux : *Contra quos animus eorum exarsit.* Ajoûtons que les Stoïciens vouloient que toute substance fût corporelle : au lieu que les Academiciens enseignoient le contraire.

CHAPITRE XII.

Les sentimens des Academiciens distinguez de ceux de Parmenide, de ceux d'Heraclite, de Democrite, d'Anaxarsis, de Xeniade, d'Anaxarque, & de plusieurs autres anciens Philosophes.

PArmenide, au rapport d'Aristote, reconnoissoit que toutes choses étoient composées d'un même principe, & en cela il n'étoit pas fort éloigné de nos Academiciens, qui s'accordoient encore avec luy, en ce qu'il refusoit les sens pour juges de la réalité des choses qui sont hors de nous, & ne reconnoissoit pour *Criterium* que la verité évidente, rejettant les simples vray-semblances. C'est aussi ce que Sextus Empiricus luy attribuë : *Parmenides damnavit quidem opinabilem rationem, eam, inquam, quæ imbecillas habet existimationes : eam autem quæ est ex scientia, & quæ aberrare & falli non potest, posuit esse id quod judicat ; abjecta etiam fide sensuum.* Pour ce qui est de sçavoir en quoy nos Philosophes en étoient differens, comme nous n'avons point ses livres, nous ne pouvons dire autre chose, sinon qu'il avoit une autre methode ; & c'est ce que nous apprenons de Platon, qui se plaint de luy, aussi-bien que des autres Anciens, de ce qu'il avoit écrit trop dogmatiquement, & n'avoit pas consideré s'il seroit entendu par ceux qui liroient ses ouvrages dans les siecles à venir.

Heraclite étoit encore du sentiment que nos

de la Philosophie des Academiciens. 185

Academiciens ont approuvé touchant le jugement des sens; & nos Philosophes s'accordoient aussi avec luy, en ce qu'ils ne vouloient pas que les objets extérieurs pussent être connus immédiatement ny compris tels qu'ils sont en eux mêmes: *Sensum existimavit non esse fide dignum, rationem autem veritatis esse judicem pronuntiat, non quamcumque, sed communem & divinam.* C'est ce que Sextus Empiricus luy attribuë. Mais nos Academiciens avoient pris une autre route pour conduire à la verité; & il ne faut pas s'étonner si ce Philosophe a parlé obscurement. *Heraclitum*, dit Ciceron, *quoniam quod diceret intelligi noluit, omittamus.* Au reste de sçavoir si ce Philosophe a été plus loin que nos Academiciens dans la connoissance des veritez, c'est ce que nous ne déterminerons pas, quoy qu'on luy attribuë d'avoir dit qu'il sçavoit toutes choses, luy qui avoit declaré au commencement de sa Philosophie qu'il ne sçavoit rien.

Nous pouvons dire à peu prés la même chose au sujet de Democrite, car il vouloit que les qualitez sensibles fussent nos propres modifications; & c'est ce que nos Philosophes avoient aussi reconnu. Mais ils ne s'accordoient pas avec luy, en ce qu'il soûtenoit le vuide & les athomes: *Veritatem athomos & vacuum dicebat Democritus.* C'est ce que Sextus Empiricus luy attribuë aprés plusieurs autres.

Anacharsis ôtoit toute sorte de comprehension de la part des objets extérieurs; & en cela les Academiciens ne luy étoient pas contraires. Mais s'il a été tel que Sextus Empiricus le represente, en luy attribuant d'avoir nié la connoissance de la verité, nos Philosophes n'ont point été de son sentiment. Et il faudroit le ranger avec les Dogmatistes negatifs.

Xeniade disoit que tout étoit faux, du moins en un sens, & en cela les Pyrrhoniens étoient de son sentiment, & nos Philosophes seroient à son égard comme à l'égard des Sceptiques.

Euthydemus & Dionisidorus vouloient que toutes choses fussent relatives, & en cela nos Philosophes ne leur sont pas contraires, pourveu qu'on en excepte un seul Etre, qui est Dieu, lequel existe par soy & absolument sans aucune relation essentielle à aucune cause extérieure, quoy qu'il y ait en luy des relations substantielles, mais elles ne se terminent point au dehors de sa propre nature & substance.

Anaxarque, Monimus & Metrodore pensoient que les objets extérieurs étoient incomprehensibles, & en cela nos Academiciens sont d'accord avec eux: mais si ces Philosophes avoient prétendu qu'il fût impossible de juger de la nature de ces objets extérieurs, ils ne seroient point avoüez par les Academiciens.

Asclepiade & plusieurs autres Anciens étoient encore persuadez que le jugement de la verité ne consistoit pas dans le sentiment, & cela a été soutenu presque de tous les Anciens: en sorte que nos Philosophes ne disoient rien de nouveau en leur temps sur ce point. Mais on ne doit pas nier qu'ils n'ayent apporté une nouvelle methode de philosopher, laquelle venant de Socrate, a été cultivée par Platon, renouvellée par Arcesilas & par Carneades, & perfectionnée par Philon, par Antiochus, & par

de la Philosophie des Academiciens. 289

CHAPITRE XIII.
En quoy les Academiciens sont differens des Cartesiens.

LA Philosophie de Monsieur Descartes est trop en regne, & occupe trop les esprits, pour ne pas faire connoître en quoy elle s'accorde avec celle des Academiciens, & en quoy elle en est differente. C'est ce que j'ay déja fait dans mes Dissertations precedentes en plusieurs endroits, & particulierement dans ma Critique d'un livre de la Recherche de la Verité, dans ma Réponse à l'Auteur de cette Recherche art. 12. dans ma Réponse à la Critique de la Critique sur leur grand principe, & dans mon Apologie 3. Part. art. 2. & 5. & c'est ce que je dois encore faire dans le cours entier de la Philosophie: mais en attendant il est bon que je marque icy les principaux points de leur convenance & de leur difference.

1. Les Academiciens conviennent avec les Cartesiens en ce qu'ils commencent à philosopher par le doute general & par l'examen universel de tous nos jugemens; & c'est ce que M. Descartes avoue qu'il a emprunté des Academiciens & des Sceptiques.

2. Ils conviennent encore en ce qu'ils regardent les sens comme incapables de juger par eux-mêmes de la verité des choses qui sont hors de nous, & veulent que les qualitez sensibles, sçavoir la couleur, la chaleur, les sons, les saveurs, &c soient en nous comme des façons d'êtres dans leurs sujets. Mais en cela les Academiciens, comme nous verrons,

3. Ils s'accordent aussi en ce qu'ils suivent à peu prés la même méthode de philosopher, & font profession d'observer les mêmes loix, qui sont celles que j'ay rapportée au chap. 1. quoy que l'on puisse dire que les Cartesiens ne les observent pas si bien que les Academiciens. Car comme j'ay remarqué au liv. 2. chap. 1. les Cartesiens entrent d'abord dans le préjugé des idées objectives.

Enfin ils s'accordent en plusieurs maximes de Morale & en plusieurs façons d'expliquer les Phenomenes de la nature par des raisons tirées de la Geometrie & des Méchaniques.

Mais ils different 1. en ce que les Academiciens ne prétendent pas, comme les Cartesiens, que l'essence de la matiere consiste dans l'étenduë.

2. Ils different encore en ce que les Academiciens admettent & reconnoissent des actions réciproques entre les esprits & les corps, & que les Cartesiens supposent le contraire en conséquence de leurs principes.

3. Ils different en ce que les Cartesiens prétendent avoir l'idée de l'infini *en acte*, au lieu que les Academiciens ne prétendent avoir que l'idée de l'infini *en puissance* : & neanmoins, selon eux, on en peut conclure qu'il y a un infini actuel, quoy qu'il soit incomprehensible à l'esprit humain.

4. Ils ont des voyes differentes pour démontrer l'existence de Dieu, & pour juger des proprietez de l'Entendement divin & de la volonté divine.

Enfin ils different dans leurs explications de plusieurs sujets de Physique ; quoy qu'ils conviennent dans la supposition qu'ils font de l'étenduë divisible à l'infini.

CHAPITRE XIV.

De la meilleure maniere d'enseigner & d'apprendre. Que c'est celle des Academiciens.

LE plus court chemin pour aller à la verité est, suivant que nous avons reconnu, d'éclaircir les idées. Ce que l'on fait, soit par Analyse, soit en examinant la maniere dont elles se forment dans notre esprit, & en observant la dépendance qu'elles ont les unes des autres : en sorte que l'on en fasse, pour ainsi dire, comme une espece de genealogie ou d'histoire. C'étoit la methode de Platon, celle d'Arcesilas & celle des autres Academiciens, & ils l'avoient empruntée de Socrate. En effet Socrate mettoit en usage les demandes & les réponses, parce que par cette façon de philosopher on oblige celuy qui veut s'instruire de faire les reflexions necessaires pour éclaircir ses idées : & l'on voit s'il profite, ou non, en examinant les productions de son esprit.

C'est pour cette raison que les Dissertations les Dialogues, les méditations, les paraboles, les exemples, & generalement toutes les manieres d'obliger l'esprit à reflechir sur ses conceptions, sont utiles pour découvrir la verité de nouveau.

Et c'est aussi pour cette même raison que la maniere ordinaire de faire des propositions par le verbe substantif n'éclaircit pas. Car de dire *qu'est-ce? c'est telle chose. quid est hoc? hoc est*, cela ne sert qu'à joindre deux idée sensemble, l'une comme attribut, & l'autre comme sujet. Mais si ces idées sont également obscures, douteuses ou fausses, cela ne sert de rien à avancer vers la verité, & cela ne donne aucune lumiere, & seulement cela peut servir à parler peut-être plus exactement & avec plus d'uniformité : ce qui n'est pas tout à fait inutile, quoyque cela soit bien au-dessous des éclaircissemens qui font le but de la Philosophie, & qui produisent une véritable science.

Et de là vient que les Academiciens ne définissoient pas, & rejettoient l'usage des définitions : au lieu que l'on pense communément qu'il faut commencer par donner de bonnes définitions. Mais, comme je l'ay prouvé ailleurs, outre que cela ne se peut à cause de l'obscurité des idées qui se rencontrent communément dans les esprits, c'est que pour acquerir la verité des idées, & non pas pour avoir celle des paroles, il est necessaire de changer ces idées : au lieu que les définitions les conservent inviolablement.

C'est pour cette raison que les Geometres peuvent quelquefois définir, parce qu'ils ont des idées assez claires, par exemple, des figures & des nombres. Mais il n'en est pas ainsi à l'égard des Philosophes : car il faut qu'ils éclaircissent les premieres idées, comme celles de l'être, du neant, de la substance, de l'esprit, de la matiere, du lieu, du mouvement, du tems, & ainsi des autres idées, sur lesquelles ils se fondent, & qu'ils doivent plutôt réünir que de séparer ou distinguer, parce qu'il les faut réduire dans leurs principes en reconnoissant que plusieurs idées se réduisent à une seule. Et de même que l'adresse d'un bon Opticien consiste à sçavoir placer dans le point de vuë l'œil de celuy qui regarde ; aussi l'industrie de celuy qui conduit les autres à la verité, consiste à sçavoir placer leur esprit dans le point d'intelligence où ils la doivent reconnoitre.

CHAPITRE XVI.
De l'Usage des mots pour découvrir la verité de vive voix ou par écrit.

TOus les hommes parlent, mais il y en a peu qui sçachent bien ce que c'est que de parler, & l'on s'imagine communement qu'il n'y a qu'à ouvrir la bouche & dire la verité pour la faire entendre aux autres ; mais, comme j'ay déja dit en plusieurs endroits, & particulierement dans mon Apologie 3. Part. art. 4. on se trompe fort en cela : car les mots ne donnent point les idées, mais ils les supposent. D'où il suit que parce que nous n'avons que des idées obscures, tout ce qu'on nous dit est obscur pour nous : mais ce n'est point la faute de ceux qui nous parlent, & cela vient de la mauvaise disposition où nous sommes, n'étant presque remplis que de préjugez & d'idées confuses. C'est ce que les Cartesiens reconnoissent bien en plusieurs choses, & j'en puis donner un exemple.

Un jeune homme se promenant dans une Bibliotheque avec un Cartesien, Que je serois sçavant, disoit-il, si j'avois lû tous ces livres ! Il y a icy deux sortes de livres, luy répondit le Cartesien ; les uns ne regardent que les belles Lettres, & les autres sont destinez aux Sciences démonstratives : & quand vous sçauriez tout ce qui est contenu dans les premiers, vous n'en seriez de gueres plus sçavant : car les vrayes Sciences consistent dans des connoissances immuables & éternelles, qui ne dépendent point de la volonté des hommes : au lieu que les belles Lettres, quelque agreables qu'elles soient, ne sont pourtant fondées que sur les goûts & sur les opinions, qui dominent en un certain tems, & se trouvent toutes differentes en un autre. Elles dépendent du genie de ceux qui les cultivent, & n'ont rien de fixe ni d'immuable, ce qui est necessaire pour avoir une vraye science. Pour ce qui est des autres sortes de livres, ils ne sont pas capables d'eux-mêmes de vous donner aucune connoissance solide, mais seulement ils peuvent vous servir pour faire quelques reflexions, lesquelles seront bonnes ou mauvaises, suivant la disposition de votre esprit. Ne pensez pas d'ailleurs que ceux qui les ont écrit ayent renfermé leurs idées avec les caracteres dont ils sont composez. Non, ces caroĉteres ne vous montrent que du blanc & du noir, & tout le monde n'en est pas également éclairé; ce qui est évident pour les uns est obscur pour les autres; ils ne disent à notre égard que ce que nous leur faisons dire : mais l'esprit est un livre vivant qui se corrige & s'explique luy même, & qui sçait parler en tant de manieres differentes qu'il a de differentes sortes d'idées. Commencez donc par éclaircir vos premieres conceptions, & aprés cela vous pourrez tirer quelque utilité de la lecture de ces livres. C'est ainsi que ce Cartesien parloit le langage des Academiciens, & se fondoit sur une verité que l'on ne peut contester, sçavoir que les mots ne sont que des sons arbitraires qui n'ont pas plus de rapport d'eux-mêmes à la verité qu'à la fausseté. D'où il faut conclure que pour découvrir aux autres la verité que l'on connoît, il les faut conduire suivant leurs idées, que l'on doit éclaircir, comme nous avons remarqué dans le chapitre precedent.

Avec Privilege du Roy.

LIVRE QUATRIÉME.

Des premieres notions.

Chapitre Premier.

Que les premieres notions sont indéterminées & ne concluent rien d'elles-mesmes.

JE ne m'arreste point à montrer combien il est important d'éclaircir les premieres notions : cela parle de soy-mesme. J'avertis seulement que les notions dont je dois traiter, sont encore plus generales que celles de la Metaphysique & des autres parties de la Philosophie.

Cependant on ne s'étonnera pas de ce que je n'entreprens point de définir ce que c'est que notion ; car non seulement les Academiciens n'avoient pas coustume de commencer par des definitions ; mais encore l'idée de la notion est si generale, qu'on ne la sçauroit definir, à moins que de donner la notion de la notion mesme ; ce qui conduiroit à l'infini, car il faudroit encore définir la notion de la notion, & la notion de la notion de la notion, &c.

Neanmoins il est bon de remarquer que par *notions* on entend vulgairement des connoissances ou idées generales répanduës dans les esprits ; & parce qu'on doit prendre les mots dans la signification ordinaire, je ne veux point donner à celui-cy un sens particulier ; mais pourtant, je puis l'attribuër, non seulement aux idées ou connoissances, que l'on appelle dans l'Ecole des *concepts formels*, mais encore aux premieres façons de connoître & de former ces concepts ou idées.

Il semble que j'aurois pu les ranger parmi les principes ; mais cependant il est bon de les en separer ; parce qu'elles sont indeterminées d'elles mesmes & ne posent rien en fait pour l'affirmative, non plus que pour la negative ; au lieu que les principes renferment quelques veritez determinées. Nous regarderons donc ces notions comme des instrumens dont on peut faire un bon ou mauvais usage ; car si elles ne sont appuyées par quelques principes, elles ne donnent aucunes consequences certaines, & ressemblent à ces plantes rampantes, qui sont trop foibles pour s'élever de terre, à moins qu'elles ne soient soûtenuës par quelques arbrisseaux, ou attachées contre un mur. C'est ainsi que ces notions demeureroient steriles, si elles n'étoient jointes à quelques veritez déterminées, qui leur servent d'appuy. Par exemple, la notion des contradictoires ne conclut rien d'elle-mesme, & sert également à deduire le *pour* & le *contre*, comme nous allons voir, dans ces sillogismes : *Il est impossible qu'une chose soit vraye & fausse en même temps : or est-il qu'il est vray que l'air n'est pas pesant : donc il est faux de dire qu'il le soit.* Voicy la contradictoire, con-

de la Philosophie des Academiciens. 195

concluë par un autre syllogisme fondé sur la mesme notion, qui luy sert de majeure : *Il est impossible qu'une chose soit vraye & fausse en mesme tems : or est-il, qu'il est vray que l'air est pesant ; donc il est faux de dire qu'il ne le soit pas.*

La notion du bon sens ne conclut rien non plus, à moins qu'elle ne soit appuyée sur de bons principes. Ainsi il y a des gens qui concluënt que ce qu'ils voyent & touchent du doigt existe veritablement hors d'eux, tel qu'ils le voyent : au lieu que d'autres concluent au contraire, que cela n'est pas tel en soy qu'il leur paroist estre sensiblement : or dans ces jugemens & les uns & les autres se croyent conduire par le bon-sens ; & s'ils se trompent, la faute ne vient pas de ce qu'ils tirent des consequences qui ne soient point enfermées dans leurs principes : mais de ce qu'ils ont des principes differens, dont les uns sont bons & les autres mauvais ; les uns clairs & vrais, & les autres faux & obscurs. En quoy nous voyons que si les notions, comme nous avons dit, sont des instrumens, ce sont des instrumens dangereux estant maniez par des gens remplis d'erreurs & de préjugez.

Chapitre II.
De la notion de la Raison.

C'Est proprement dans la comparaison des idées que la raison consiste ; & il ne faut pas la reduire, comme l'on fait vulgairement, dans la simple adresse de tirer des consequences, ou de former des syllogismes. Car, bien que nous ayons coûtume de raisonner par reprises, & de conduire nos jugemens les uns aprés les autres ; il ne s'ensuit pas pourtant que des Ja-

telligences plus parfaites que nos esprits, ni Dieu mesme, forment ainsi leurs jugemens; mais, comme nous reconnoistrons, ils voyent tout d'un coup les consequences dans leurs principes : & d'ailleurs il est certain que le raisonnement n'est qu'un jugement composé, ou un jugement de jugemens; de-sorte que la raison consiste proprement dans la contemplation des idées ; c'est la parole interieure de l'esprit, par laquelle il se dit à luy-mesme, les idées que je considere, ont du rapport & de la convenance entr'elles, ou bien elles ne quadrent point & sont differentes.

Il faut donc, pour bien juger de la Raison, la considerer en elle-mesme, & non pas dans cet état depravé, où elle ne se trouve que par accident : au lieu que les hommes au contraire, aiment mieux la charger de leurs propres defauts, en l'accusant de foiblesse & d'incertitude, lorsqu'ils en font un mauvais usage; & s'ils y rencontrent quelque chose de bon & de solide, ils ne manquent pas de se l'approprier, comme s'ils étoient eux-mêmes les auteurs de cette puissance ou faculté; mais ils devroient reconnoistre que ce qu'ils y trouvent d'immuable, vient de celuy qui les a formez.

En effet, c'est injustement qu'ils disent que les raisons necessaires & les veritez constantes de Mathematique ou de Philosophie, sont des productions de l'esprit humain; car il n'y en a point qui ne renferment quelque chose de divin : & il est évident qu'elles ne dependent point de la volonté des hommes : ils ne sçauroient les changer quelqu'effort qu'ils fassent : elles sont immuables; & l'on peut dire aussi qu'elles sont éternelles. Mais voicy d'où vient que la plufpart des hommes les regardent comme des productions de leur efprit, & les nomment des raifons naturelles; c'eft qu'ils ne fçavent pas affez diftinguer entre les raifons infaillibles & les raifons probables : & comme ils fentent bien qu'ils font les maîtres des raifons probables, ils penfent l'eftre auffi de cette autre forte de raifons. Mais il y a bien de la difference: car les unes peuvent eftre changées, & dependent de nous, & les autres ne le peuvent eftre, & ne dependent point de noftre volonté : mais elles nous montrent affez qu'elles ont pour caufe un eftre qui eft plus fort que nous.

C'eft ce que les Orateurs pourroient facilement reconnoiftre, parce qu'ils fçavent bien qu'il ne tient qu'à eux de donner de la vray-femblance à la plufpart des chofes, & d'enfanter, pour ainfi dire, des raifons probables pour appuyer tout ce qu'il leur plaift de perfuader aux autres. Ils font les peres & les maiftres de cette forte de raifons, & ils s'imaginent facilement que les autres raifons ne font pas d'un genre plus relevé. Mais cette erreur vient de ce qu'ils ne font point accoûtumez à envifager les chofes à la maniere des Philofophes.

Reconnoiffons donc icy que la Raifon en elle-mefme eft infaillible & neceffaire. C'eft ce que je vais demontrer d'abord par l'experience ou par la fuite des effets de cette infaillibilité : & cela s'appele vulgairement démontrer *à pofteriori*. Je referve pour la Metaphyfique l'autre forte de la prouver, parce qu'il eft neceffaire, pour cela, d'entrer dans une difcuffion trop ample & trop difficile, pour des efprits que je fuppofe n'eftre point encore inftruits des premieres confequences de la Philofophie.

Ce ne fera pas neanmoins en me fondant fur ce que, fi la raifon n'eftoit infaillible, il n'y auroit aucune verité conftante dans la Philofophie ni dans les Mathematiques, non-plus que dans tout ce que l'on appele fcience ou difcipline : car quoyque cela s'enfuivift infailliblement, neanmoins j'entrerois par là dans une petition de principes. Mais voicy le moyen, & la voye que je prens. Il eft certain que les confequences de la Raifon font infaillibles : or eft-il qu'elles ne le fçauroient eftre, fi la Raifon ne l'eft auffi ; donc il faut reconnoiftre qu'elle l'eft. C'eft ce que je démontre par cette induction : Un Architecte, par exemple, faifant conftruire des baftimens fuivant les regles de fon Art, conformément à la Raifon, produira des effets qui fubfifteront infailliblement, quand mefme il ne feroit plus. Un Mechanicien pourra s'affurer qu'en ajoûtant à l'un des bras d'une balance, de certains poids, il furmontera une telle ou une telle refiftance : & cela arrive infailliblement fuivant les loix de la Raifon qui fert de bafe à fa fcience. Un Arithmeticien ayant une certaine fomme à divifer ne fe trompera jamais en faifant bien fon calcul fuivant la Raifon, &c. Or fi la Raifon n'eftoit infaillible, il eft évident que dans ces arts on n'agiroit pas infailliblement : donc il faut conclure que la Raifon eft infaillible : & c'eft ce qu'il falloit démontrer.

Nous avons donc reconnu icy deux chofes.

La premiere que la Raifon confifte proprement dans la comparaifon des idées ou premiere conception avec un difcernement des raports & proportions qu'elles ont entr'elles.

La seconde, qu'elle est infaillible, & que l'on peut s'y attacher comme à la base solide de la verité.

Au reste il seroit étrange que des hommes qui font profession d'estre raisonnables, n'eussent pas seulement une bonne notion de la Raison, & cela seroit encore plus insupportable dans les Philosophes que dans les autres. Cependant il arrive ordinairement que l'on manque en ces deux choses. Comme si l'on pouvoit *concevoir & juger*, sans faire aucun usage de la Raison ; & comme si la Raison, je veux dire la droite Raison, estoit toûjours douteuse & incertaine.

CHAPITRE III.
De la notion des Contradictoires.

ON voit bien d'abord que nous devons parler icy d'une exacte & parfaite contradiction, qui est celle qui concerne une mesme chose, à l'égard d'une mesme chose, & suivant un mesme sens, *ejusdem, de eodem, secundum idem*. Cela posé, je dis, en premier lieu, que cette notion sert de principe à la Raison, laquelle autrement n'auroit rien d'infaillible, & seroit douteuse en toutes choses. En effet, s'il étoit possible qu'un mesme jugement fust vray & faux en même tems, la Raison ne pourroit estre assurée que 2 & 2 font 4. car il se pourroit aussi que 2 & 2, ne fissent point 4. Il se pourroit qu'il y eust une montagne sans vallée, & que les deux costez d'un triangle ne fussent pas plus grands que le troisiéme, &c. Or si cela étoit, il est évident que la Raison ne seroit point infaillible : donc il faut reconnoistre que la notion des contradictoires n'est pas moins infaillible que celle de la Raison, & c'est ce qui se démontre par la proposition du Chapitre precedent. De sorte que ces deux notions sont inseparablement attachées l'une à l'autre.

Je sçais que M. Descartes (au 2 tome de ses Lettres, page 22.) témoigne, conformément aux principes de sa Metaphysique, qu'il doutoit de l'infallibilité de cette notion. *Pour moy*, dit-il, *il me semble qu'on ne doit jamais dire, qu'une chose est impossible à Dieu. Car tout ce qui est vray & bon étant dependant de sa toutepuissance, je n'ose pas mesme dire que Dieu ne puisse faire une montagne sans vallée ; ou qu'un & deux ne fassent pas trois. Mais je dis seulement qu'il m'a donné un esprit de telle nature, que je ne sçaurois concevoir une montagne sans vallée, ou que deux & un ne fassent pas trois... je dis seulement que telles choses impliquent contradiction dans ma pensée.* On pourroit se persuader que M. Descartes n'a parlé en cette maniere que pour se deffendre de certaines gens qui le pressoient trop, au sujet de quelques-uns de ses principes qui ne convenoient pas fort aux sentimens des Theologiens de son temps ; mais on ne peut l'excuser d'avoir en cela choqué la Philosophie & renversé son propre systéme. Car s'il ne peut assurer que ce qui enferme contradiction dans nostre esprit est absolument impossible, il ne pourra estre assuré d'aucune chose ; & quand il dit qu'il n'ose pas affirmer qu'aucune chose soit impossible à Dieu, il ne peut s'assurer non plus qu'il ne soit pas possible que Dieu luy donne un entendement capable de concevoir que des contradictoires soient vrays en mesme tems ; & cela étant, il ne pourroit pas même estre assuré de sa propre existence, &

de la Philosophie des Academiciens.

retomberoit dans le plus profond Pyrrhonisme, où l'on soit jamais tombé.

Je veux encore qu'il ait pu douter si cela est possible, ou non. Mais ou il faut qu'il n'affirme aucune chose comme certaine, ou il est necessaire qu'il commence à sortir de ce doute qui suspend tous nos jugemens, & impose silence à la Raison, l'obligeant de se taire en toute chose, & de retracter jusqu'à ses propres doutes.

Et d'autre part, on ne doit pas s'imaginer que la pieté engage à parler ainsi de la puissance divine. Car cela va à renverser toute la certitude que l'on peut avoir touchant la Divinité, & à detruire, non seulement la Theologie, mais encore la Religion. Et c'est à quoy les Cartesiens doivent penser, eux qui prennent en cela leur maistre à la lettre, & devroient plûtost l'expliquer favorablement. Car enfin, encore une fois, si l'on doute de la notion des contradictoires & de leur incompatibilité, on renverse toute raison & toute philosophie.

Nous voyons aussi que les Theologiens suivant en cela l'exemple des Peres, n'ont point fait difficulté de dire que Dieu ne peut faire une montagne sans vallée, & qu'il ne peut agir contre les loix éternelles de sa Raison & de sa nature.

Aristote mesme s'est parfaitement bien expliqué sur une chose comme celle-là, qu'il sçavoit estre de si grande importance, & c'est ce qu'on peut voir au commencement de sa Metaphysique. Pour moy, je pense avoir assez demontré cette verité, s'il est pourtant vray qu'on la puisse demontrer, car c'est le principe de toute demonstration. Mais si on ne le peut faire *à priori*, on le peut du moins *par les consequences*, de la maniere que j'ay fait. Cependant si la notion de la Raison enferme celle des contradictoires, on doit dire pareillement que celle des contradictoires enferme celle du *mesme* & du *different*.

CHAPITRE IV.
De la notion du même *& du* different.
& De quelques autres notions.

PLaton a remarqué en plusieurs endroits, que la notion du *mesme* & du *different*, regnoit generalement en toutes choses ; jusques dans la Divinité, où il reconnoist la nature parfaite de l'Unité & en mesme temps la Diversité de personnes ; c'est ce que Plotin a traité assez exactement. Cependant il suffit icy de reconnoistre que cette notion est repanduë dans toutes nos idées, & dans tout ce que nous sommes capables de concevoir ; car nonseulement nous donnons à chaque chose une difference, mais encore un genre ; de sorte que ces notions ne sont point l'une sans l'autre, étant des correlatifs inseparables : *sunt simul natura & simul conceptu.* En effet, l'*idem* & le *diversum* ne vont point l'un sans l'autre, quoy que l'idée de l'un soit diverse de l'autre, & quand il n'y auroit que l'idée de l'estre qui est communicable à toutes choses, cela suffiroit pour nous faire concevoir cette verité, laquelle est évidente d'elle-mesme. Car qui dit conception dit discernement : or le discernement n'est point sans cette notion ; & la contradiction est dans le *mesme* du *mesme* & suivant le *mesme*, à l'égard du quel on conclut le plus extresme de tous les *differents* : en sorte que sans cela, il est évident qu'il n'y auroit que du trouble, & de la confusion dans l'esprit. Encore pourroit-on dire que s'il n'y avoit que du trouble dans l'esprit, il y auroit du moins quelque chose de different, de ce qui s'y trouveroit s'il y avoit de la clarté & de l'evidence, & ce seroit encore retrouver la mesme verité. De sorte que voilà des propositions qui se soutiennent d'elles-mesmes *semper erecta cadunt*.

De cette notion vient celle du *semblable* & du *dissemblable* : & la difference qu'il y a entre le *mesme* & le *semblable*, consiste en ce que le semblable n'est que le mesme imparfaitement, car quand la ressemblance est parfaite & de tout point, ce n'est pas seulement ressemblance, mais *identité*, ou mesmeté.

De la notion du semblable & du dissemblable vient celle des Contraires dont la dissemblance est extresme, & neanmoins il se trouve encore qu'ils participent à quelque sorte de mesmeté, car ils conviennent en un mesme genre ; ce qu'Aristote a bien montré dans ses Analytiques & dans sa Metaphysique.

Je ne parle point encore de la notion du *Positif*, & du *Negatif*, de celle de l'*Estre* & du *Neant* ; de celle du *Vray* & du *Faux* ; de celle du *Bon* & du *Mauvais* ; du *Parfait* & de l'*Imparfait* ; du *Fini* & de l'*Infini* ; &c. car on voit assez que cela fait l'objet de la Metaphysique.

CHAPITRE V.
Des notions particulieres de la Raison, ou De ses especes.

DE mesme qu'un grand fleuve qui se partage en plusieurs canaux, & va se repandre en diverses regions, portant en tout lieu, les richesses & l'abondance, en recevant plusieurs noms par les Peuples qu'il enrichit de la fécondité de ses eaux : c'est ainsi que la Raison, ce fleuve de lumieres, repand ses clartez en plusieurs especes d'Entendemens. Dans le premier & le plus ancien ; où elle se trouve comme dans son lit naturel, *in sinu paterno*, elle se nomme la RAISON DIVINE. C'est-là, où elle prend sa source, & s'étend à son gré dans l'immensité de cette nature infinie : là elle est plus vaste que l'Ocean, plus profonde que tous les abismes, & plus ancienne que tous les tems, *egressus ejus à diebus æternitatis* : sa lumiére y est toûjours pure, & toûjours sincere : jamais elle n'y est offusquée par les nuages de l'erreur, ni alterée par le mélange des ombres que produit l'instabilité des estres contingents. C'est-là que ces eaux lumineuses roulent pompeusement parmi les splendeurs des idées eternelles, & c'est où la source de ses clartez ne tarira jamais. Enfin, c'est-là où toûjours invincible, & toûjours victorieuse, elle triomphera de tous les temps. Mais, prenons garde de nous eblouïr par tant de clartez, & souvenons-nous de ce que dit nostre Platon : Le Philosophe se perd dans la lumiere, aussi bien que le Sophiste dans les tenebres ; l'un devient invisible quand il s'enfonce dans l'Estre, & l'autre, quand il s'enfuit dans le néant.

Descendons aux Entendemens inferieurs, & reconnoissons que la Raison dans ces esprits decouvrant d'une mesme vuë les principes & les consequences, reçoit le nom d'INTELLIGENCE.

Mais descendons encore plus bas, & examinons ce qui se passe en nous-mesmes, nous y trouverons la Raison dans un état bien different. A peine y est-elle reconnoissable, & à peine pouvons nous dire avec S. Augustin qu'il nous en reste une étincelle, *non est pœnitus extincta scintilla Rationis.* Voilà quelle est la disposition où elle se trouve, & c'est ce que je puis décrire par cette comparaison.

Représentons - nous un flambeau qui luit dans une campagne, au milieu des broüillards, & au plus fort de la nuit; sa flamme indignée de la contrainte qu'elle souffre, combat continuellement contre les parties grossieres de l'air qui l'environne : elle tâche de les repousser comme des ennemis qui la tiennent assiegée : elle redouble de temps en temps ses efforts, essayant de percer l'épaisseur des tenebres, & lançant de toutes parts ses rayons timides & tremblans, qui sont plus propres à faire voir des spectres, qu'à découvrir de veritables objets. C'est ainsi que la Raison luit au milieu de l'entendement humain : elle y est obscurcie des tenebres de nos préjugez, agitée par les mouvemens de nos passions, & corrompuë par les fausses luëurs des apparences sensibles. Mais la Philosophie écartant les broüillards de nos préjugez, & dissipant les phantosmes trompeurs de nos sens nous approchera de sa lumiere, & nous conduira dans le plus profond de nous-mesmes, où cette flamme divine s'entretient, malgré les troubles & la corruption de nostre nature ; & lorsque nous l'aurons une fois bien consultée, il n'y aura plus de tromperies à craindre pour nous : les spectres s'évanoüiront : nos sens ne nous imposeront plus par les illusions de leurs phantosmes : & nous ne serons plus contrains de nous laisser conduire par une imagination incertaine & déréglée. Mais jusques à ce que ce moment heureux soit arrivé, nous aurons toûjours sujet de regarder la Raison humaine comme incertaine & douteuse.

Cela étant, il est facile de reconnoistre que l'on doit distinguer LA DROITE RAISON de la Raison telle qu'elle est communément dans les hommes. Car la droite Raison, la Raison mesme, *ipsa Ratio*, est immuable & éternelle : c'est la raison de Dieu & le Verbe divin. Au lieu que NOSTRE RAISON n'est point toûjours dans la rectitude ; & à cause de cela, nous avons besoin de regles pour conduire nos jugemens. Et en-effet, nostre raison est composée des façons d'estre de nostre ame, & de nos propres idées, lesquelles ne sont point divines, quoy qu'elles puissent estre conduites par la Raison divine, qui nous enseigne & nous éclaire. *Ille autem qui consulitur,* (dit fort-bien S. Augustin dans son livre *de quantitate animæ*) *docet, qui in interiore homine habitare dictus est Christus.* Et dans un autre endroit : *à quocumque verum discitur, ab eo discitur, qui est veritas.* Distinguons donc *nostre propre Raison* de la *Raison mesme*, & reconnoissons que nostre propre raison est sujette à l'erreur, au lieu que la Raison mesme est infaillible & divine.

Quand nostre entendement est élevé à une assez grande perfection pour connoistre l'éternité des veritez, alors nous contemplons la RAISON ETERNELLE.

Et parce que nous observons que la Raison se communique à tous les esprits, les éclairant tous de ses lumieres, suivant cette veuë, nous l'appelerons LA RAISON UNIVERSELLE : non pas en ce qu'il soit necessaire que tous les esprits contemplent des idées qui soient les mémes en nombre : car il suffit qu'ils en ayent tous de trés-semblables. Il est vray que la mesme Raison éclaire tous les hommes, & s'applique à tous les esprits dans lesquels elle produit des idées parfaitement semblables ; mais il n'est pas necessaire que ces esprits contemplent une mesme idée, laquelle on supposeroit estre hors d'eux; car sans cela, ils peuvent fort bien s'accorder dans leurs jugemens. Ainsi un mesme cachet étant imprimé sur plusieurs cires, forme par tout la mesme figure : en sorte que si ces differentes cires estoient capables d'en juger, elles conviendroient dans le jugement qu'elles feroient de la figure gravée sur ce cachet, en contemplant les propres figures qu'elles en auroient reçuës. De mesme, la Raison imprime dans nos entendemens certaines traces, & forme en nous des façons-d'estre semblables, par lesquelles nous nous conduisons jugeant tous une mesme chose. Car enfin, comme je l'ay assez prouvé ailleurs, nous ne connoissons immediatement ou appercevons que nos propres façons d'estre, & nous ne sçaurions contempler d'autres idées que celles qui sont formées dans nostre entendement. D'autre part, il est certain que cette unité d'espece suffit pour appuyer les plus solides demonstrations des Mathematiciens. Par exemple, quand ils font la division d'un nombre en plusieurs parties égales, ils peuvent appuyer le mesme jugement sur toutes ces parties, pourvû qu'ils en contemplent une seule. Ajoûtons qu'il y a difference entre la comparaison que j'apporte du cachet, & la contemplation des idées, que la Raison universelle imprime dans tous les esprits, en ce que le cachet n'est pas toûjours appliqué à la mesme cire: on l'oste d'un lieu pour le transporter en un autre, mais la Raison éclaire continuellement nos esprits, & produit actuellement nos idées, qui ne se changent point d'elles-mesmes étant necessaires, & ne s'effacent point avec le temps, comme les figures de la cire; car ce divin cachet est toûjours appliqué à nos entendemens, & nous n'avons autre chose à faire, pour reconnoistre actuellement les caracteres qu'il imprime, qu'à ne rien ajoûter à son action, & à recevoir paisiblement ce qu'il forme en nous, pour estre l'objet de nostre contemplation.

Chapitre VI.
Des notions de la lumiere naturelle. Du bon-sens, & du sens commun.

LA Lumiere Naturelle est proprement la Raison qui éclaire tous les hommes. Mais il faut observer que le mot *naturel* pourroit nous jetter dans un préjugé, qui a causé, & qui cause encore tous les jours bien des disputes. On ne doit point supposer, comme font quelques-uns, qu'il y ait dans le monde une certaine cause qu'ils regardent, pour ainsi dire, comme la collegue de la Divinité, laquelle étant separée de tous les estres finis & bornez, les produise par succession, & leur donne à chacun ce qui leur est propre. Car nous reconnoistrons que cette cause n'est qu'une chimere, & qu'il n'y a que Dieu qui gouverne le monde, & que les estres particuliers ne subsistent, & ne durent qu'autant que son action continuë à les produire, sans quoy ils retomberoient dans le neant.

Il faut donc bien prendre garde d'attribuer certains droits à la nature; car elle n'est autre chose que les parties de l'Univers suivant leur difposition ordinaire, & leur ordre accoûtumé. De forte qu'une mefme chofe peut eftre dite *naturelle* & *furnaturelle* en divers fens. En effet, ce que Dieu communique à tous les hommes s'appele *naturel*, c'eft-à-dire commun à tous les individus de cette mefme efpece; & qui leur eft accordé dés le premier moment de leur naiffance. Mais auffi on peut encore appeler cela *furnaturel*, en tant que Dieu en eft la caufe immediate. Ainfi les lumieres que Dieu donne à tous les hommes, n'en font pas moins divines ni moins furnaturelles, parce qu'elles font données à plufieurs, que fi elles étoient feulement le partage de quelques particuliers, ni parce qu'elles font données dés le premier moment que l'on commence à fe connoiftre que fi elles n'étoient diftribuées qu'en de certains temps; & par des faveurs extraordinaires.

C'eft en ce fens que l'on peut dire, que les veritez decouvertes par la lumiere naturelle font divines. Car enfin, c'eft Dieu luy-mefme qui nous en donne la connoiffance. Jufques-là que les revelations particulieres font mefme fujettes à eftre confirmées & examinées par ces premieres qui viennent de l'Auteur de l'efprit humain, dans lequel Dieu feul eft capable de former des loix & des regles inviolables : au lieu que l'on a toûjours fujet de douter fi l'on ne fe trompe point quand on croit avoir des vifions particulieres. En quoy nous voyons qu'il ne faut pas fe fonder fur le mot *naturel*, comme fi cela pouvoit s'attribuër à quelque puiffance differente de Dieu, & de fes creatures; tout ce qu'elles renferment de bon & de parfait devant eftre rapporté à l'Auteur de leur eftre. Car enfin, on voit bien que ce qu'il y a dans l'homme, qui ne depend point de luy, vient de celuy qui a formé l'homme.

Pour ce qui est du BON-SENS, à le regarder dans sa perfection, & tel qu'il devroit estre dans tous les hommes, on peut dire qu'il est infaillible. Mais parce qu'on entend vulgairement par ce mot, l'adresse de tirer des consequences évidentes des idées naturelles, il s'enfuit que si ces idées sont fausses, cette adresse, quoyque d'ailleurs avantageuse, leur devient neanmoins préjudiciable. Parce que ces idées naturelles qui sont celles qu'ils apportent en venant au monde, sont meslées pour la pluspart des phantosmes & des traces de l'erreur. En quoy nous voyons qu'il est trés-important de les sçavoir corriger.

On pourroit penser que le Sens-commun, & la lumiere naturelle sont la mesme chose; mais il faut avoüer qu'il y a quelque difference, en ce que la lumiere naturelle est plûtost le principe de nostre connoissance, & le Sens-commun, la premiere vuë que nous faisons dans nôtre esprit des consequences immediates qui viennent de nos premieres idées. De sorte que le Sens-commun & le Bon-sens ne different qu'en ce que le Bon-sens étend plus loin nos connoissances que ne fait le Sens-commun, car le Sens-commun ne s'étend pas au delà des connoissances communes à tous les hommes.

Mais, quoy qu'il en soit, il faut encore avoüer que le Sens-commun n'est de guere plus infaillible que le Bon-sens; puisqu'il est encore appuyé sur les idées naturelles, qui peuvent estre fausses ou imparfaites, non pas telles que la lumiere naturelle les forme dans nos esprits, mais en ce que nous meslons à ces idées de certains préjugez que nous tirons de nos parens, & dont nous sommes remplis dés le ventre de nos meres. Effectivement nous formons, sans y prendre garde, certains jugemens sourds & imperceptibles qui sont écrits dans les organes de nostre ame, desquels elle est contrainte de se servir, infortunée qu'elle est, comme d'un méchant livre qu'elle consulte, & qui renferme les caracteres de l'erreur, dont elle ne sçait point encore assez discerner les tromperies. C'est dans la matiere que se jettent les semences de l'erreur, & quand l'esprit est encore abandonné aux mouvemens & aux impressions des traces corporelles, il ne conçoit rien de droit ni de juste, & ne juge point sainement. Cependant je laisse à penser combien nous durent ces dépravations primordiales, & ces erreurs innées, & s'il n'est pas vray que la plufpart des hommes apportent, jusqu'à l'age viril, les impressions de leur enfance.

Avec tout cela, on peut dire que le Sens-commun, & le Bon-sens sont infaillibles en un point, sçavoir en ce que les consequences que l'on tire en les suivant sont infailliblement enfermées dans leurs Principes. Mais cela n'empesche pas que les principes ne puissent estre faux. Par exemple, il est du Bon-sens que les moins éclairez doivent suivre les plus clair-voyans; mais il n'est pas infaillible que ceux qui passent pour les plus éclairez parmi les hommes, le soient effectivement. Il est du Sens-commun de preferer un objet réel à un imaginaire; mais il n'est pas du Sens-commun, que tels & tels objets que nous voyons ou pensons voir, soient reels, & qu'ils existent tels que nous le pensons.

CHAPITRE VII.
Du Sens de la Multitude. Du Contestable, & de l'Incontestable.

IL faut encore bien distinguer le Sens-commun, du Sens de la Multitude que l'on pourroit appeller le SENS DU COMMUN. Car l'un est generalement commun à tous les hommes, & l'autre n'appartient qu'au plus grand nombre & à la Multitude. Ainsi, quand on entend dire à certaines gens, *Tout le monde croit que cela est vray*, ou, *c'est le sentiment de tous les Philosophes*, on a toûjours droit de leur demander qu'ils fassent un dénombrement de tous les sujets, dont ils parlent, ce qu'il n'est pas si facile de faire qu'ils pensent : & souvent ils se trouvent en cela bien loin de leur compte. Tous les hommes pensent, disoit un certain, que le soleil est lumineux en luy-mesme, que la nége est blanche & l'herbe verte... Mais outre que cela n'est pas vray à la lettre, puis qu'un grand nombre de Philosophes en ont douté, entr'autres, Anaxagore, Democrite, les Academiciens & les Pyrrhoniens ; c'est qu'il n'est pas impossible que nous ayons en cela des idées naturelles qui nous trompent.

Il faut donc reconnoistre que le Sens de la Multitude est beaucoup plus sujet à caution que le Sens-commun. Car outre cela, il se trouve que le plus grand nombre est presque toûjours le parti de l'Ignorance & de l'Erreur. Ce n'est pas qu'en matiere de fait, comme j'ay déja remarqué liv. 2. chap. 8, le témoignage de la Multitude ne soit plus considerable que celuy de quelques hommes seulement, quand il s'agit des faits que les femmes & les enfans peuvent découvrir sensiblement ; mais en matiere de dogmes de Metaphysique ou de Morale, le plus grand nombre est ordinairement le parti de l'erreur & des préjugez. C'est pour cela que Seneque disoit, *argumentum pessimi, turba.* Et nostre Platon represente le petit nombre des Philosophes comme des Personnes prudentes, qui, pour se tenir à l'abri d'un orage, demeureroient à couvert sous un toit, ou sous de gros arbres, pendant qu'une troupe d'insensez courant çà & là, & changeant de poste à tout moment, s'exposent à la fureur des vents & des tourbillons, & se trouvent inondez d'un torrent de pluye & de gresle.

Nous devons sçavoir à cette heure, ce que c'est qu'estre INCONTESTABLE. Car il y a des choses que l'on ne conteste pas & que l'on pourroit neanmoins contester, & l'on peut dire que cela est *incontesté*, mais non pas *incontestable*. Je dis donc que ce qui est incontestable est consequence necessaire des veritez que la lumiere naturelle découvre à tous les hommes. Par exemple, la lumiere naturelle découvre à tous les hommes que la ligne droite est la plus courte de toutes les lignes : & que les choses égales à une troisiéme sont égales entr'elles, & toutes les consequences necessaires que l'on pourra tirer de ces principes pourront estre appelées incontestables.

De sçavoir jusqu'où l'on peut porter l'incontestable ; c'est ce que l'on ne doit point déterminer. Mais cependant on peut dire que la veritable Philosophie ne doit avancer que des choses incontestables, quoy qu'elles puissent estre contestées d'abord ; car si les consequences tirées immediatement de la lumiere naturelle sont veritablement incontestables, il faut aussi reconnoître que les consequences de ces consequences le doivent estre pareillement, pourvû qu'elles soient toutes évidentes & nécessaires, & que le fil des veritez ne soit point rompu.

CHAPITRE VIII.
Des notions de la Sagesse & de la Folie.

NOus avons déja dit que la Raison portée à sa plus grande perfection (telle qu'elle est en Dieu) est proprement Sagesse: & cela est tres-vray. Car la Sagesse est une connoissance évidente des veritez éternelles dans leurs principes. Voilà ce que nous entendons par le mot de Sagesse ; & suivant cette notion, il faudra dire, comme S. Paul, qu'il n'y a que Dieu qui soit veritablement Sage, *Soli sapienti Deo honor & gloria*. Les hommes sont amateurs de la Sagesse, mais ils ne sçauroient atteindre à ce supresme degré de perfection spirituelle, ni si bien contempler la Raison qu'ils la conçoivent dans toute son étendüe. Car ils ne sçauroient épuiser, comme nous avons dit, liv. 2. chap. 12, la troisiéme sorte de recherche.

On reconnoist ordinairement de deux sortes de folie, dont l'une est morale & l'autre physique. La premiere consiste dans une negligence entiere de son esprit, avec un mépris des loix de la Raison, sans se soucier de se proposer aucune fin certaine, ni de prendre les moyens pour y arriver : sans vouloir ni se servir de la lumiere naturelle, ni prévoir les erreurs & les maux que l'on pourroit éviter. Il y a aussi une sorte de sagesse opposée à cette folie; & c'est ce que l'on appelle ordinairement prudence ou habitude d'executer en toutes choses ce que la Raison ordonne, & de choifir toûjours les meilleurs moyens pour arriver aux fins honestes que l'on se propose. Or c'est de cette folie pratique de laquelle il faut commencer de se défaire pour aquerir cette premiere sagesse ou prudence, *Sapientia prima stultitiâ caruisse*.

L'autre espece de folie est physique, & consiste dans un desordre de l'imagination, qui trouble tellement les idées de l'esprit, qu'il ne peut appuyer aucun jugement certain sur les apparences des objets. Et c'est ainsi que les phrenetiques & ceux qui sont tombez en démence se sentent agitez par les phantosmes tumultueux de leur imagination échauffée. On peut encore dire presque la mesme chose de ceux qui dorment. Car pour lors, les objets que l'on croit voir, n'ont pas plus de realité que ceux que pensent voir les phrenetiques pour ne pas dire qu'en veillant mesme, on se trompe souvent en matiere de realité aussibien qu'en dormant; & c'est pour lors, dit Platon, que l'on a des songes de gens qui veillent : de-sorte que l'on pourroit dire que nous sommes fous la moitié de nostre vie, car quand nous dormons, nous ne recevons en nostre esprit que des apparences purement phantastiques.

Avec tout cela, ceux qui dorment, les fous & & les phrenetiques ne perdent pas pourtant l'usage du Bon-sens ni du Sens-commun. Car quoy qu'ils se trompent presque toûjours, ils ne laissent pas neanmoins de conserver l'adresse ou puissance de tirer des consequences évidentes, suivant leurs idées ou premieres conceptions, quelque fausses qu'elles soient. C'est pour cela qu'Epicure disoit que le moyen d'éprouver, si les veritez que l'on croit connoistre en veillant sont necessaires, & si on en est bien penetré, c'est d'observer si l'on en fait le mesme jugement lorsque l'on dort. Ainsi, disoit ce Philosophe, on fait tout en dormant pour le plaisir de mesme qu'en veillant. Nous voyons d'ailleurs que les veritez mathematiques se conçoivent aussi necessairement, par ceux qui dorment que par ceux qui veillent. En effet on ne peut concevoir en dormant que 2 fois 2 ne fissent pas 4, que les deux costez d'un triangle rectiligne joints ensemble, ne composent pas une ligne plus grande que le trosiéme costé tout seul. Il y a quantité d'autres veritez qui ont ce mesme privilege; & c'est principalement de cette sorte de veritez qu'il faut se remplir l'esprit, car elles sont immuables & necessaires, *paranda sunt viatica quæ cum naufrago simul enatent*, disoit Anthisténe aprés Socrate; & il faut sans doute que ces veritez soient bien immuables, puisqu'elles sont à l'épreuve de la folie, de la phrénesie & du sommeil; & puisqu'il n'y a point d'accidens de la Fortune qui les puissent déraciner de nostre esprit.

CHAPITRE IX.
De la notion de la Philosophie.

IL semble que je pourrois imiter icy M. Royhaut qui avoit coustume de repondre à ceux qui luy demendoient, ce que c'est que la Physique: Attendez, que vous l'ayez apprise & vous le sçaurez; on pourroit dire la mesme chose au sujet de la Philosophie entiere. Et effectivement, pour bien sçavoir ce que c'est que la Philosophie, il faut non seulement que l'on sache bien ce qu'elle enseigne; mais que l'on soit accoustumé a reduire en pratique ses enseignemens.

Cependant

Cependant nous allons reconnoistre que si on en veut avoir une bonne idée, il ne faut pas l'envisager dans sa moindre partie, ni la regarder par le dehors, comme on fait vulgairement : parce que l'explication des phénomenes de la Nature, & l'Art de former des syllogismes, non plus que les experiences curieuses de Physique, comme dit fort bien Platon, n'en sont que les ornemens.

Et l'on ne doit point s'étonner de ce qu'Heraclide répondit, à ceux qui luy demendoient, de quelle profession il estoit, *je ne sçais ni art, ni science ; mais je suis Philosophe.* Car la Philosophie ne consiste pas proprement dans quelque science particuliere ; mais dans l'amour de la Sagesse, & dans l'étude de la verité.

En effet, chercher la verité en toutes choses, éviter l'erreur dans ses jugemens, suivre la droite raison, & observer en quoy consistent les devoirs de l'homme : travailler à la connoissance de soy-mesme ; éclaircir son entendement, & tascher de se mettre dans la meilleure disposition où l'on puisse estre, pour acquerir les biens de l'esprit & du corps ; c'est proprement & veritablement philosopher : & voilà sur quoy les grands Philosophes ont appuyé la notion qu'ils avoient de la Philosophie.

Je voudrois pouvoir raporter icy tout ce que Ciceron entr'autres a dit sur ce sujet, luy qui avoit bien lû nostre Platon : mais je ne puis m'arrester plus long-temps sur cette matiere ; & d'ailleurs on peut consulter l'original, surtout dans le cinquiéme des Tusculanes, où il y a une invective contre ceux qui blasment la Philosophie, *Vituperare quisquam Philosophiam vita parentem, & hoc parricidio se inquinare audet & tam impie ingratus esse, ut eam accuset quam vereri debeat, etiamsi minus percipere possit,* &c.

C'est suivant cette notion qu'un Philosophe chrétien en a parlé : *Philosophia*, dit S. Justin Martyr, *est revera maximum bonum & possessio, & apud deum venerabilis, qua ducit ad eum & sistit sola, & sancti beatique illi qui mentem ei donant.* Il conclut aussi, *nemo sine Philosophia rectam rationem intelligit, quare oportet omnes homines philosophari, & hanc praecipuam functionem ducere.* S. Clement Alexandrin a écrit plusieurs livres pour faire connoître l'importance de la Philosophie, & il dit quelque part en parenthese, *quod est supremum omnium Philosophia.* Plusieurs autres Peres, & particulierement S. Augustin dans sa Cité de Dieu, & en cent endroits de ses ouvrages, tasche toûjours de donner une bonne notion de la Philosophie, *qui Philosophiam fugiendam putat,* dit-il, *nihil vult aliud, quam nos non amare sapientiam.* Mais parce que quelques-uns se servent d'un passage de S. Paul, qu'ils interpretent mal : il est bon de rapporter icy l'explication que ce Pere en a donnée. Il y a dans ce passage : *videte ne quis vos decipiat per Philosophiam;* & pour monter que cela ne doit s'entendre que de la fausse addresse des Sophistes & de la philosophie des libertins suivant les maximes du monde, il est immediatement ajoûté, *aut inanem fallaciam, secundum traditionem hominum, secundum elementa hujus mundi.* Et c'est ce que S. Augustin interprete en cette maniere, *& quia nomen philosophia*, remarquez ces mots, *rem magnam, totoque animo expetendam significat (siquidem Philosophia est amor studiumque sa-*

pientia) *cautissimè Apostolus , ne nos ab amore sapientia deterrere videretur , subjecit, secundum elementa hujus mundi.* En quoy il est assez visible que, ni S. Paul, ni S. Augustin n'ont jamais pretendu blasmer le desir de reconnoistre la verité ; autrement c'eust esté fermer l'esprit à toutes les instructions des personnes éclairées & à tous les Evangelistes du monde.

Et ce qui cause que l'on se trompe dans le jugement que l'on en fait vulgairement, c'est que l'on considere la Philosophie, non pas suivant sa vraye notion ; mais suivant la pratique de ceux qui portent le nom de Philosophes, & qui passent pour tels, soit parce qu'ils font profession de l'enseigner, soit parce qu'ils sont habiles à éblouir l'esprit par des paralogismes ou à faire toucher au doigt quelques experiences curieuses, qui sont bien éloignées de la substance de la Philosophie.

Et de mesme que l'on blasme vulgairement la Religion, lors qu'on la considere dans les personnes qui en font profession , (& que l'on pourroit dire suivant cette veuë injuste & déraisonnable) *tantum relligio potuit suadere malorum,* ou bien , *videte ne quis vos seducat per Religionem ,* (car il est trés-facile de tromper les hommes sous apparence de Religion) il se trouve des gens qui font la mesme injustice à la Philosophie. Mais en cela ils sont les premiers punis : car ils se privent de ce qu'il y a de plus considerable à esperer pour la perfection naturelle de l'esprit humain.

Il faut donc bien distinguer entre le Sophiste & le Philosophe : car l'un ne tend qu'à sacrifier l'esprit à son orgueil : au lieu que l'autre, ne demande pas qu'on le suive aveuglément : il se presente comme un guide experimenté, qui raconte les endroits par où il a passé ; & consent que l'on prenne d'autres routes, si on les trouve meilleures, n'ayant point d'autre interest que celuy de la verité, ni point d'autres armes que celles qu'elle luy met en main.

Nous devons nous regarder, suivant Platon, comme des exilez de nostre patrie, qui est le sejour de la verité, & comme si nous estions tombez de cette region celeste & bien-heureuse, où les esprits purs goustent à leur gré le nectar des connoissances divines. Semblables à des Aigles, dont les aisles auroient esté brisées dans une chute, nous ne pouvons plus nous élever auprés du Soleil de la verité, il faut attendre que nos aisles soient revenuës, & la Philosophie sert à les faire croistre, comme sert aux plantes l'eau dont on les arrose. *Philosophiæ irrigatio alarum nostrarum.*

En un mot ne voyons-nous pas que nostre esprit toûjours en action ; ne cesse point de juger de tout ce qui se presente à sa pensée ? & contracte incessamment des habitudes à bien juger, ou à juger mal ? & si nous-nous accoustumons à juger faux, n'est-il pas évident que nous nous engraissons, pour ainsi dire, d'erreurs & de préjugez ? Ah ! nous voyons assez que cette miserable habitude remplit nostre esprit de tenebres, & fait penetrer la fausseté de plus en plus dans nostre entendement, chaque jugement précipité estant comme un coup de marteau, qui enfonce dans la substance de nostre ame, les pointes funestes de l'erreur.

Reconnoissons donc icy que ceux qui blasment la Philosophie, ne la conçoivent pas comme ils devroient ; & que pour en avoir une bonne notion, il la faut regarder comme l'Art de chercher la verité, & de ne point nous tromper dans nos jugemens ; comme l'Art de consulter la droite Raison & de reconnoistre en quoy consistent les devoirs de l'homme ; comme l'Art de travailler à la connoissance de soy-mesme & de se mettre dans la meilleure disposition où l'on puisse estre pour acquerir les veritables biens de l'esprit & du corps. Voilà la notion que l'on doit s'en former, & c'est ce que l'on peut appeler veritablement Philosophie ; quand mesme on voudroit s'en tenir à l'étimologie de ce nom, que Socrate a inventé le premier, & dont on sçait assez l'origine.

CHAPITRE X.
De la difference des Philosophes, & de ceux qui ne le sont pas.

Quoyque j'aye déja insinué plusieurs choses par lesquelles on peut distinguer les Philosophes, je ne laisseray pas neanmoins d'en faire icy un tableau, & de les representer avec des couleurs plus vives.

Nous avons vû que les Philosophes tendent uniquement à la verité & à la lumiere, taschant le plus qu'ils peuvent d'en approcher, & fuiant les erreurs & les préjugez : au lieu que les autres sans se mettre en peine de ce qui regarde la verité & la lumiere, ne se portent qu'à ce qui peut flatter leurs passions, & leur causer quelque volupté sensible : ils ressemblent à ces poissons qui se plaisent dans l'eau trouble, ou à ces volatils qui fuient le jour, & ne marchent que la nuit. Ce sont des animaux de tenebres, qui n'aiment point l'évidence, & ne demandent que la confusion des pensées, & la contrarieté des sentiments ; en un mot, tout ce qui leur semble mysterieux & embroüillé leur est d'un grand goust, ce qui fait que la verité est insipide pour eux, & que la clarté les offense.

On peut voir la description que Platon en a donnée dans son Theætetus & dans quelques autres de ses Dialogues, & cependant nous allons tracer le caractere de ces deux sortes de genies. Non pas pour faire icy le portrait d'aucune personne en particulier ; car après tout les hommes participent ordinairement à ces deux sortes de dispositions. En-effet, il n'y en a point qui n'agisse quelquefois en Philosophe, & d'autre part il ny en a point non plus qui n'agisse quelquefois en homme du commun, ou pour me servir du mot d'Epictete, en *plebeïen*.

Nous verrons donc que Platon represente les Philosophes comme détachez de tous les objets sensibles. Ce n'est pas des choses de fait, dont ils remplissent ordinairement leur esprit ; car ils regardent les évenemens particuliers & toutes les faveurs de la fortune, comme nous regardons les jeux des enfans, & les vains amusemens des personnes incapables de s'appliquer aux choses importantes. Qu'on leur vienne dire qu'un tel a gagné de grandes possessions, tant de prez, tant de terres, qu'un autre a obtenu une charge considerable, cela ne les touche point. Ils méprisent tout ce qui est sujet au temps : ils se considerent comme s'ils possedoient tout l'Univers : ils forment & reforment les cieux par leur pensée : ils reglent le mouvement des Astres, & penetrant dans le sein de la Nature, ils en decouvrent les tresors les plus cachez. Ils se figurent qu'ils sont capables d'une vie plus durable que celleey ; & portant leur vuë au delà du trépas, ils commencent à joüir d'une felicité qui surpasse tous les biens de ce monde. Mais au contraire, ceux qui ne sont point Philosophes ne sçavent ce que c'est que de concevoir des choses abstraites & generales : il faut toûjours que leur imagination s'appuye sur quelque chose de materiel & de palpable. S'ils entendent parler de la Raison, ils se representent d'abord, ou leur propre raison, ou celle de quelqu'autre particulier : quand on prononce le nom de verité, ils se mettent aussi-tost dans l'esprit quelque verité palpable ; par exemple, qu'ils ont tant de tresors enfermez dans leurs coffres. La divinité pour eux, ou sera un Jupiter Ammon, un Mars, une Venus, ou quelque autre image ou idée phantastique : le sage ne sera dans leur pensée, qu'un certain homme qu'ils connoissent, le Philosophe ne sera qu'un certain autre homme, à qui ils entendent donner ce nom. Enfin comme ils ne conçoivent rien que de trés-borné, & qui ne soit attaché à quelque chose de particulier, tous leurs jugemens sont bornez, & ils ne sont pas capables d'envisager aucuns principes : les idées generales de la verité & de la justice, leur font tourner la teste ; & parce qu'ils sont toûjours assujetis à quelques objets singuliers & determinez, ils s'accoustument si fort à estre esclaves, qu'ils ne s'aperçoivent point de leur servitude, & se laissent tirer en autant de parts qu'ils se sont formez de maistres au milieu des objets sensibles : au lieu que les Philosophes sachant ce que c'est que la vraye liberté, ne s'assujetissent point aux évenemens casuels.

Les Philosophes se plaisent dans la solitude aussi-bien que dans une compagnie : & ceux qui ne le sont pas n'ont rien de plus insupportable qu'eux-mesmes ; craignant d'estre abandonnez à leur propre genie. Il leur faut toûjours des amusemens ; & s'ils ne s'occupent de quelques bagatelles qui leur fassent faire de nouveaux exercices de leurs sens, ils sont aussitost inondez d'un torrent d'ennuis & de chagrins.

Quand les Philosophes parlent, ils ne prennent pas garde si ce qu'ils disent doit estre agreable à tels & tels qui les écoutent ; mais si leur paroles s'accordent avec la verité, & avec la sincerité de leurs sentimens. Au lieu que les autres considerent seulement, si ce qu'ils disent leur doit attirer l'applaudissement de ceux qui les entendent, & si cela plaira particulierement à celuy qu'ils veulent flatter.

Les Philosophes trouvent du plaisir, à estre repris & a reprendre, toutes les fois que la verité l'ordonne, *mihi gratum est*, disoit Socrate, *& reprehendere & reprehendi, & tanto magis reprehendi, quanto potius est, maximo quodam liberari malo, quam alios liberasse.* Mais ceux qui ne sont pas Philosophes ne s'accommodent point de semblables instructions, au contraire, ils pensent qu'on les veut choquer lors qu'on leur découvre qu'ils se trompent.

Enfin si les Philosophes voïent arriver quelque mal, ils s'en accuseront plûtost eux-mesmes que d'en accuser les autres : & au contraire, ceux qui ne sont pas Philosophes accuseront les autres de leurs propres fautes, & ne s'en accuseront jamais. Celuy qui n'est pas Philosophe, disoit Epictete, accuse tout le monde, & ne s'accuse point luy-mesme ; celuy qui

de la Philosophie des Academiciens. 225
commence à Philosopher s'accuse luy mesme, & n'accuse pas les autres ; & celuy qui est arrivé au plus haut point de la Philosophie n'accuse, ni soy mesme, ni les autres. D'où l'on peut inferer, suivant les principes de cet Autheur, qu'il n'y a point d'homme de meilleure société que les Pholosophes, & que l'on doit se promettre avec eux tout le calme & toute la fidelité que l'on peut souhaiter.

Neanmoins, parce qu'ils sont ordinairement en petit nombre, & qu'ils sont contraires aux voïes communes, ils deviennent des objets de haine pour la multitude & le commun des hommes. C'est pour cela que les sentimens les plus contraires à la Philosophie ont esté & seront toûjours les plus generalement approuvez dans le monde. Et si, par malheur, quelques Philosophes de nom, se sont laissé entraisner aux opinions vulgaires, ils ont servi de trophée à l'erreur : & s'ils avoient esté vraiment Philosophes, ils n'auroient pas ainsi trahi leur devoir.

Avec tout cela les Philosophes ne sçauroient se défendre de passer pour orgueilleux, au jugement du vulgaire, parce qu'enfin ils n'ont que du mépris pour les richesses exterieures : & comme il arrive ordinairement que les hommes s'en font accroire lorsque la Fortune les favorise, ils ne sçauroient souffrir que les Philosophes les meprisent, par la froideur & le peu d'estime qu'ils témoignent pour des biens qui ne sont qu'en apparence ; mais bien loin que les Philosophes soient remplis d'orgueil, au contraire, ils ont un fond d'humilité qui les rendroient aimables si on les connoissoit dans l'interieur. Mais comment pourroient-ils estre plus orgueilleux que les autres hommes, puisque l'orgueil n'est fondé que sur la présomption; & qu'ils connoissent mieux l'ignorance humaine que les autres, qui ne sçavent rien, & croient neanmoins sçavoir toutes choses. D'ailleurs ils ne se fondent point sur aucune prerogative personnelle, sur quoy on puisse appuyer quelque arrogance. En-effet, ils reconnoissent qu'ils n'ont rien en eux de plus considerable que les lumieres que Dieu communique à tous les esprits, dans le moment qu'il les éclaire par la Raison, qui est un tresor commun où tous les hommes peuvent puiser. Il est vray qu'ils obeïssent mieux que les autres aux loix du Bon-sens; mais qui ne voit que l'obeïssance est contraire à l'orgueil? Plus ils sont Philosophes, & plus ils sont asservis à la verité, plus ils se depouillent de leurs qualitez particulieres pour se sacrifier à la perfection & à l'utilité de ce grand Tout, dont ils se regardent comme de simples membres & de petites parties, estant toûjours prests à faire justice aux autres avec autant de plaisir qu'ils se la feroient à eux-mesmes. De sorte qu'ils ont un esprit de magnanimité, qui les met au dessus de tout ce qui n'appartient qu'à la figure visible qu'ils font dans le monde.

C'est pour cela que les Philosophes venant parmi les autres hommes y paroissent comme étrangers: leur personne & leur exterieur ne semble meriter aucun respect: & les autres étonnez de ce qu'ils ne voyent rien en eux de sublime ni d'éminent, ont peine à se figurer que les grandes veritez qu'ils prononcent ne viennent point des inspirations de quelques genies ou de quelques intelligences plus éclairées que les Mortels.

C'eſtoit le jugement que l'on faiſoit autrefois de Socrate, parce qu'on ne voyoit rien de merveilleux dans ſon exterieur; au contraire, ſon eſprit comme fatigué des grandes ſpeculations qu'il avoit faites dans le plus haut de luy-meſme, ſembloit n'eſtre deſcendu que pour ſe délaſſer, & alors, il ſe laiſſoit quelquefois vaincre par des gens du commun. Mais ce Philoſophe ne trouvoit pas étrange que l'on jugeaſt ainſi de luy, & il auroit pû dire *Parce* : *ſi quis non me plus exiſtimet quam ſecundum id quod vides in me, aut audit ex me.*

Avec tout cela les Philoſophes ſe doivent attendre a eſtre mépriſez par la pluſpart des hommes, comme dit fort bien Epictete; & quoy qu'ils faſſent pour faire regner la Clarté des connoiſſances intellectuelles; les plus grandes lumieres de l'eſprit s'éteignent au milieu de l'air infecté de la Multitude, dont la maſſe retombe toûjours ſur le fond materiel des idées groſſieres & ſenſibles.

Chapitre XI.
De la difference des Philoſophes & des Orateurs.

Nous avons montré que le but des Philoſophes eſt de connoiſtre la verité, & de la faire connoiſtre aux autres; & d'autre part, il faut voir quel eſt celuy des Orateurs.

Il eſt certain que leur but eſt de perſuader aux autres ce qu'ils deſirent de leur faire regarder comme vray, *ſuadere dictione*. La fin des Philoſophes eſt de dire juſtement ce qui eſt vray, & celle des Orateurs eſt de dire des choſes agreables, & de parler élegamment. C'eſt ce que je vais un peu développer, en commençant par un trait tiré du Gorgias,

& de quelques autres Dialogues de Platon.

Gorgias fameux Orateur, ayant encor la teste toute remplie des honneurs qu'il venoit de recevoir des Magistrats d'Athéne, rencontra Socrate ; & luy ayant demandé à quoy il s'occupoit, Socrate luy répondit bonnement, qu'il cherchoit la verité, & qu'il continuoit de philosopher... Mais vous, Gorgias, luy dit-il, à quoy vous employez-vous ? il y a long-temps que je ne vous ay rencontré dans les endroits où nous avions coustume de nous entretenir ensemble... He quoy ! luy répondit Gorgias, d'un ton un peu fier, est-ce que Socrate est le seul qui ne sçache pas que j'ay esté envoyé en ambassade pour ma patrie : *legatione pro patria functus sum*... Je n'en suis point fâché, repartit nostre Philosophe, mais je voudrois sçavoir si vostre negociation a esté veritablement utile... En faut-il douter, repliqu'a l'Orateur, J'en suis revenu chargé de presents ; & j'ay esté receu à mon retour, avec tous les honneurs que j'aurois pu souhaiter... Ce n'est pas ce que je voudrois apprendre, dit Socrate, je voudrois seulement sçavoir, si vostre ambassade a esté veritablement utile à la patrie... Utile, ou non, je n'examine point cela de si prés ; c'est assez qu'elle m'accommode, & que j'en aye receu du profit. Mais je vois bien que Socrate est toûjours luy-mesme, & je ne sçais quand il cessera de regarder ainsi les choses metaphysiquement. Croyez moy, Socrate, quittez vostre Philosophie, & adonnez-vous à quelque chose de plus profitable. Les questions abstraites ne sont bonnes que pour les jeunes gens : on leur permet cette sorte d'exercice pour leur éveiller l'esprit ; mais quand on est âgé, comme vous estes, cela n'est plus de saison. La meilleure philosophie est de faire sa fortune : vous avez de l'esprit autant qu'un autre, & si vous aviez suivi les voïes ordinaires, vous auriez maintenant les meilleurs emplois de la Republique ; au lieu que vous passez vostre vie, avec des Ecoliers, comme si vous estiez encore en état de porter un portefeuille sous le bras... Quoyque vous puissiez dire, repartit Socrate, je ne trouve pas que vous en soyez plus sage de blasmer ainsi l'étude la plus importante dont nous soyons capables. Je serois de vostre avis neanmoins si j'estois persuadé que la profession des Orateurs est plus necessaire que celle des Philosophes. Car enfin à quoy doivent tendre tous nos discours, sinon à porter les Esprits à la verité ? & quelle gloire y a-t-il a tromper les autres, aprés s'estre trompé soy-mesme ? C'est marcher en aveugle, & vouloir conduire les autres par des chemins tenebreux, que de les porter à suivre des opinions & des préjugez. Je demeure d'accord que si l'on pouvoit éviter l'erreur sans philosopher... Qu'avez-vous gagné jusqu'à cette heure par vostre Philosophie, interrompit Gorgias : pour moy, j'ay apris l'Art de conduire les Esprits où je veux. J'ay tout pouvoir sur nos Citoyens : je puis faire condamner celui-cy, & absoudre celui-là ; & s'il faut me vanger d'un ennemi, une satyre m'en fait la raison. Je puis noircir le plus innocent de tous les hommes, & eslever jusqu'au Ciel le plus grand de toutes les scelerats. Enfin je feray entreprendre la Guerre ou la Paix, si mon interest le demande... Est-il possible, reprit Socrate, que vous estimiez le pouvoir de faire du mal ? pour moy, je pense que c'est un plus grand mal de faire une injure que de la recevoir ? Que diriez-vous d'un homme qui seroit au bord d'un précipice, & qui se vanteroit du pouvoir qu'il auroit de se précipiter, se mocquant d'un autre qui seroit dans une platte campagne, & ne pourroit faire la mesme chose ? sans doute, vous le regarderiez comme un insensé : mais voyons un peu quel est cet Art, dont vous vous glorifiez … C'est ainsi que Socrate ayant engagé Gorgias à examiner ce que c'est que la puissance des Orateurs, luy fait connoistre aprés plusieurs questions, que c'est plûtost une simple adresse qu'un Art ; parce que les hommes passionnez, les femmes, & les gens sans lettres y sont quelquefois plus habiles que les plus grands Orateurs. Au reste il luy donne une espece d'exemple, qui exprime assez bien la difference de l'Orateur & du Philosophe. Un cuisinier, dit-il, ayant rencontré une bouteille où il y avoit une medecine destinée à son maistre, il en gousta, & voyant que cela estoit fort amer, il s'écria : Qu'est-ce que ce fou de Médecin va donner à mon maistre ? voilà dequoy le dégouster plus de quinze jours … En mesme temps, il jetta la bouteille, & la medecine par la fenestre, & se mit en devoir de persuader au malade, qu'il falloit tromper le Médecin, & luy faire croire qu'on auroit pris son remede. Mais le Médecin ayant esté assez adroit pour découvrir la tromperie. Ce coquin de cuisinier, dit-il, a envie de faire mourir son Maistre avec ses ragousts ; mais si on fait bien, on le chassera : il découvrit en mesme temps une sauciere de champignons preparée pour le malade …

Des champignons, s'ecria-til, pour un homme qui a la fiévre, c'est le moyen de l'envoyer en poste au royaume de Pluton. Il se retira aprés avoir fait promettre à son malade, qu'il ne se serviroit plus de ce cuisinier. Mais le malade se laissa vaincre, & n'ayant point assez de force pour tenir sa promesse, mangea des champignons; sa fiévre en redoubla, & peu de jours aprés il en mourut.

Voilà un exemple ou parabole, suivant l'idée que Platon nous donne de l'Orateur & du Philosophe. Le cuisinier, dit-il, ne se soucie pas de conserver ni de rétablir la santé: il n'examine point si ce qu'il prépare sera salutaire ou non, pourvû qu'il soit de bon goust; au lieu que le Médecin, au contraire, ne con considere point le goust, ne pensant qu'à l'utilité des viandes & des remedes qu'il ordonne. De mesme l'Orateur ne travaille qu'à plaire à l'oreille, & ne prend pas garde si ce qu'il dit, sera nuisible à l'esprit de ses auditeurs; pourvû que cela leur plaise, & qu'il les conduise où il veut. Mais le Philosophe n'a point égard au goust de ceux qu'il instruit: il ne veut point les flatter dans leurs opinions: au contraire, il se propose de leur montrer qu'ils se trompent, & de les porter à reparer leurs propres défauts. L'un corrompt & détruit en flattant, & l'autre redresse & perfectionne en corrigeant: en quoy il faut avoüer que l'Artifice de l'Orateur est souvent plus nuisible qu'on ne pense: car il ne tend ordinairement qu'à redoubler des préjugez & à faire croire aux hommes qu'ils sont plus éclairez qu'ils ne le sont effectivement.

Mais ne doit-on pas s'étonner de ce qu'à

force d'amasser ainsi erreurs sur erreurs, & préjugez sur préjugez, on travaille à éteindre le peu de lumiere qui reste dans l'esprit humain ! Au lieu que l'homme affoibli & malade, auroit besoin de toute sa force pour s'empescher de tomber dans le précipice de l'erreur, on se sert, pour l'aveugler entierement, du peu de lumiere qui lui reste. On se rend habile à redoubler son mal, & l'on approfondit sa playe. C'est ainsi que ces grands discours qui n'ont pas plus de substance que des champignons, donnent souvent la fiévre à l'esprit, & le font trembler à l'aspect des phantosmes excitez par de grands mots, suivant l'imagination d'un Orateur qui sçait faire un grand discours d'une petite chose, & un petit discours d'une grande ! Ah que c'est un mal pernicieux, disoit S. Augustin, d'insinuër éloquemment des faussetez dangereuses. *Cum prava dicuntur diserte, magnum malum !*

Mais la Rethorique, dira-t-on, n'est-elle pas bonne pour persuader la verité. C'est ce qu'il faut sçavoir ; car la verité ne souffre point de fictions, & cependant la Rethorique en est pleine. Pour persuader la verité comme verité, il la faut faire concevoir, & pour la faire concevoir, il ne faut que la clarté & la netteté des termes ; car, comme disoit Socrate, on est toûjours assez éloquent, dans les choses que l'on sçait bien. En effet, pour donner une idée juste & veritable, il ne faut point d'emphase, point de synecdoque, & encore moins de metaphore. C'est pour ce sujet que dans l'Areopage on défendit autrefois les figures de Rethorique, & que l'on n'y employoit que des recits courts & exacts. Mais ce seroit peut-estre en cela que l'on pourroit employer la Rethorique, en arrangeant les sujets, & plaçant au commencement ou à la fin d'un discours, ce qui est propre pour le commencement ou pour la fin. Je le veux. Mais pourquoy faut-il changer d'ordre, suivant les personnes, & les choses qui se presentent? & pourquoy est-ce que le hasard donne quelquefois de l'énergie à des discours qui sont formez en dépit de l'Art Oratoire, Puisque des gens sans lettres, des femmes, des enfans persuadent souvent beaucoup mieux que les plus habiles Orateurs?

Enfin, si l'on vouloit contraindre la Rethorique, & la reduire à l'exactitude de la verité, que feroit-on autre chose, si-non de changer ses preuves topiques en demonstrations, & d'en faire une Dialectique, à la maniere de Chrysippe, lequel, comme dit Ciceron, avoit écrit de la Rethorique d'une façon à faire garder le silence, *ita ut si quis obmutescere velit, nihil aliud legere debeat.* C'est aussi pour cette raison que ce grand Orateur rejette la maniere de parler philosophique, *mollis est enim,* dit-il, *Oratio Philosophorum, & umbratilis nec verbis instructa popularibus, nec juncta numeris, nec soluta liberius: nihil iratum habet, nihil invidum, nihil atrox, nihil mirabile, nihil astutum; casta, verecunda, virgo incorrupta quodammodo; itaque sermo potius quam oratio dicitur.*

Si donc on ne destine la Rethorique qu'à persuader la verité, on se reduit à parler toûjours un mesme langage; car la verité ne change point: & quand on la represente autrement qu'elle n'est, on la blesse. Outre que d'ailleurs, c'est retrancher le plus grand usage de l'éloquence: c'est luy couper une aisle : &

aprés cela, elle n'ira pas fort loin : car elle va bien plus viste, & bien plus aisément sur l'aisle du mensonge, que sur l'aisle de la verité. En effet, ce qui luy donne un grand espace, c'est l'obscurité des pensées : car quand elle entre dans la carriere tenebreuse des antitheses & du merveilleux, elle enleve & conduit où elle veut, d'une façon mesme qui n'est point desagreable aux captifs qu'elle entraisne. C'est par là qu'excitant nos passions, elle se forme un triomphe, qui jette les ignorans dans l'admiration & dans l'étonnement. Mais quand on l'empesche de joüer ainsi son jeu, parmi le sublime & le surprenant, elle tombe & devient languissante.

Je ne m'arresteray point à rapporter tout ce que l'on trouve dans *Sextus Empiricus* contre la Rethorique, car je n'ay point entrepris de condamner entierement cette adresse ingenieuse. J'en diray seulement ce qu'en a dit le plus grand, & le plus fameux des Orateurs. Dans les livres que Ciceron a écrit *de Inventione*, dans ceux *de Oratore*, & ailleurs où il traite ce sujet de dessein formé. Il declare qu'il est persuadé, que l'Eloquence sans sagesse ou sans philosophie, est souvent trés-pernicieuse au genre gumain. *Ac me quidem diu cogitantem ratio potissime in hanc sententiam ducit, ut existimem sapientiam sine eloquentia parum prodesse civitatibus, eloquentiam vero sine sapientia nimium obesse, prodesse nunquam.*

Je ne m'arresteray point non plus à faire voir combien cet illustre Orateur estimoit l'éloquence de nostre Platon, duquel il parle en ces termes : *Plato, qui mihi in Oratoribus irridendis maximus videbatur Orator*, aussi-bien que celle de Socrate & des Académiciens ; mais je diray seulement qu'il n'ignoroit pas que ces Philosophes n'estimoient point la Rethorique, à moins qu'elle ne fust gouvernée par une bonne Philosophie, eux qui ont passé pour les plus éloquents de leurs siecles, & dont quelques-uns enseignoient mesme la Rethorique & la Philosophie. Le fameux Carneades dont Rome admira l'éloquence, lorsqu'il y fit la fonction d'Ambassadeur, & conversa avec les plus habiles d'entre les Romains, avoit coûtume de dire, *eos qui Rethores nominarentur & qui dicendi præcepta traderent, nihil plane tenere, neque posse quemquam dicendi facultatem assequi, nisi qui Philosophorum inventa didicisset.*

C'est ce que cet Academicien avoit apris de Socrate & de Platon. *Ergo dicendi artem*, est-il dit dans le Phædre, *ridiculam quandam rem & rationis expertem exercet, qui veritatem ignorat, & opinionibus ducitur.* A quoy Socrate qui parle dans ce dialogue ajoûte, pour conclusion, que celuy qui veut exercer la profession d'Orateur, doit premierement trouver le moyen de s'empescher de se tromper luy-mesme dans ses jugemens, & d'empescher aussi que la multitude ne se trompe dans les siens.

Avec tout cela, quand les Orateurs empruntent les paroles des Philosophes, ils les peuvent tourner d'une maniere si adroite, par rapport à la disposition de leurs Auditeurs, que l'on diroit qu'ils en penetrent bien le sens, & qu'ils en conçoivent toute l'étenduë : mais il ne faut pas se tromper en cela ; car ils ont le don de parler des choses qu'ils n'entendent presque pas eux-mesmes. Et cela vient de ce que les mots ont esté inventez suivant les idées communes. *Oratoris omnis actio*, dit Ciceron, avec beaucoup de verité & de sincerité *opinionibus, non scientia continetur: nam & apud eos dicimus qui nesciunt, & ea dicimus quæ nescimus ipsi.* En un mot pour persuader la verité, il la faut connoître, & pour la connoistre, il faut Philosopher d'où il s'ensuit, que la Rethorique est dangereuse, à moins qu'elle ne soit conduite par une bonne & saine philosophie ; & que si on commet l'éloquence à des imprudens, on donne des armes à des furieux, bien loing de faire de vrais Orateurs. *Non eos quidem Oratores effecerimus, sed furentibus quædam arma dederimus.*

Ce qui fait cependant que l'on a besoin de l'Eloquence, c'est qu'il est bon quelquefois de fraper l'imagination par des images vives qui impriment fortement les idées intellectuelles, & leur donnant plus de poids, les fassent mieux sentir à l'esprit par le moyen des phantosmes agreables ou effrayans que l'on fait venir sur la scene. Et ce qui cause qu'on a plus besoin de cette addresse qu'il ne seroit à souhaiter, c'est que la pluspart des hommes sont dans une profonde ignorance, & ne peuvent estre attirez à la verité par la verité mesme. Il faut souvent que l'on fasse comme les Médecins, qui employent le fer & le feu pour guérir des maladies inveterées. De mesme il faut quelquefois, & trop souvent, détruire des préjugez par d'autres préjugez : ou bien il est necessaire de repandre des fleurs pour attirer de certains esprits, & les obliger de suivre dans des routes où ils n'entreroient jamais. De sorte que la Rethorique n'est utile, que parce que les hommes sont pour la pluspart lasches & ignorans. C'est à leur foiblesse & à leur mauvaise dispotion, qu'elle doit son plus grand usage, & l'on conçoit fort bien que plus on est éclairé, & moins on est propre à estre la duppe des phrases & des mots.

Enfin, de bons Philosophes qui sont éloquents à la maniere de Socrate & de Platon, me semblent plus utiles que n'ont esté autrefois un Diogene ou un Monime, ou quelques autres qui n'avoient des lumieres que pour eux seuls, & ne sçavoient pas conduire les autres hommes où ils auroient dû. Mais il faut toûjours que l'Orateur soit sous la conduite du Philosophe : & l'on doit estre assuré que sans avoir satisfait aux devoirs essentiels de la Philosophie, l'eloquence & la Rethorique ne sont que des instrumens inutiles, pour ne pas dire dangereux.

CHAPITRE XII.
De la difference des Philosophes entre-eux.

JE n'ay pas dessein de faire icy un denombrement de toutes les Sectes des Philosophes; mais seulement de les distinguer, par ce qu'ils ont de plus essentiel. Et comme nous avons reconnu que philosopher n'est autre chose que chercher la verité, nous les considererons suivant cette vuë : d'autant plus que les autres differences qui ont donné lieu de les distinguer, ne sont fondées que sur des choses accidentelles à la Philosophie, comme sont les temps, les lieux, les noms, les adversaires. Outre que d'ailleurs, il y a tant de dogmes communs à plusieurs de ces Sectes vulgairement distinguées, & tant de propositions équivoques parmi celles qu'on leur attribuë, qu'il n'est pas moyen de les distinguer en cela certainement; la pluspart de ceux qui ont fait l'histoire des

Philosophes, n'ayant esté que des Orateurs, par qui les choses pouvant avoir esté prises en sens diférens, on n'a que des discours plus propres à engager à des disputes interminables qu'à éclaircir la verité. En-effet, il n'y a point de Sectes que l'on juge plus contraires que celles des Epicuriens & des Stoïciens, & neanmoins il n'y a qu'à voir comment Seneque se plaist dans ses lettres à confirmer les sentimens des Stoïciens par ceux d'Epicure mesme. Les Academiciens estoient les Adversaires declarez des Stoïciens; *acriter invehebantur in Stoicos*, & cependant les sentimens de ces derniers ont esté tirez de Platon & de Socrate, dont les Academiciens avoient aussi emprunté leurs principes. Ajoûtons qu'Anthiochus le chef de la cinquiéme Academie, a entrepris de montrer que le Stoïcisme venoit de l'Académie, *adduxit Stoica in Academiam* : les Academiciens, les Pyrrhoniens, les Cyrenaiciens, & les Pythagoriciens, & plusieurs autres, conviennent dans les principales choses. Les Peripateticiens ne sont pas mesme entierement éloignez des Platoniciens.

C'est ce qui ne doit étonner personne : car outre que de leurs tems mesme on ne les comprenoit pas trop bien, c'est que ceux qui se sont meslez d'écrire l'histoire des Philosophes, n'estoient pas assez Philosophes, & n'ont pas trop consideré que leurs divisions n'estoient faites qu'en des membres qui s'enfermoient reciproquement, *in membra sese invicem includentia*. Pour ne pas dire qu'en cette matiere, ils ne devoient pas entreprendre de diviser ce que la verité ne divisoit pas. Car on reconnoist quand on regarde les choses de plus prés, que la plufpart des Philofophes auroient trouvé fur les terres de leurs voifins plufieurs chofes qu'ils auroient eu droit de s'approprier : & qu'ils ne font pas fi differens qu'ils ne fe puiffent accorder en bien des fentimens.

Je dis donc que pour envifager les Philofophes par rapport à leur deffein formel de chercher la verité, on en peut diftinguer de trois fortes. Ou ils penfent avoir déja trouvé la verité qu'ils cherchent ou non : s'ils ne penfent point l'avoir trouvée, ils doivent eftre rangez parmi les Sceptiques ou Pyrrhoniens. Et s'ils penfent l'avoir trouvée, il faut voir fi c'eft en toute chofe, ou feulement en de certains points : fi c'eft en toutes chofes, ils font Dogmatiftes ; fi c'eft en quelque chofe feulement, ils font Academiciens. Je n'ignore pas que l'on a produit une certaine maniere de Philofophes qui ont foûtenu qu'on ne pouvoit connoiftre aucune chofe certainement ; mais s'il eft vray qu'il y en ait eu de cette forte, il eft toûjours vray auffi qu'on les peut ranger parmi les Dogmatiftes, parce qu'ils croyoient avoir trouvé, en matiere de verité, tout ce qu'ils penfoient pouvoir trouver. *Unum fcimus*, pouvoient-ils dire fuivant leur fyfteme, *nihil fciri poffe* : & cela eftant, pour les diftinguer des autres Dogmatiftes, on peut les appeler Dogmatiftes negatifs. Avec tout cela, je n'affure pas encore que cette divifion foit entierement exacte, parce qu'après tout, il n'y a qu'une veritable forte de Philofophes. Car les Dogmatiftes doivent eftre reduits au doute des Sceptiques, & les Sceptiques aux connoiffances des Academiciens.

Cependant il faut obferver, que fi les Dogmatistes croient connoistre la verité en toute chose, ce n'est pas qu'ils la pensent connoistre actuellement en toute sorte de matiere & de sujets; mais c'est en ce qu'ils se croyent Juges competans, pour pouvoir decider toute sorte de questions, ayant accoûtumé, comme j'ay remarqué l. 3. cap. 10. de se determiner par de simples probabilitez. Et pour ce qui regarde les Pyrrhoniens, parce que *Sextus Empiricus* nous declare au commencement de son ouvrage, que ces Philosophes cherchoient la verité, quoy qu'ils ne l'eussent encore trouvée en aucune matiere, quand mesme ils auroient douté s'il falloit douter de toutes choses: il les faut regarder comme des gens qui sur le point de choisir entre plusieurs chemins, seroient en disposition de suivre les avis de ceux qui leur montreroient constament par où ils devroient aller.

Enfin quelques-uns attribuent aux nouveaux Academiciens, les sentimens des Dogmatistes Negatifs, de mesme que s'ils avoient soutenu qu'il fust impossible de sçavoir aucune chose: mais j'ay déja remarqué, l. 2. chap. 7, que cette erreur vient de quelques passages de Ciceron mal interpretez, qui feroient juger la mesme chose de Platon & des autres Anciens qu'on sçait, neanmoins avoir reconnu plusieurs veritez: & d'ailleurs s'il y a des Dogmatistes qui ayent desesperé positivement de connoistre la verité, ils ne la cherchoient pas, & par consequent, ils ne devoient point estre mis au nombre des Philosophes, dont la notion ne leur convient pas.

A Paris, M. DC. XCIII. avec Privilege du Roy.